정용욱

서울대학교 국사학과에서 학사, 석사, 박사 학위를 받았고, 2003년부터
서울대 인문대 국사학과 교수로 재직 중이다. 사료의 확대를 통한
역사 해석의 다양성 확보, 역사 서술 주체의 확장과 역사학의 대중화에
관심이 많다. 한국역사연구회 회장, 민주화운동기념사업회
한국민주주의연구소 운영위원장을 역임했다.『해방 전후 미국의 대한 정책』,
『혁명과 민주주의』(공저),『강압의 과학』등의 저·역서가 있다. 현재
6·25 전쟁기 심리전과 냉전 문화, 에고도큐먼트에 나타난 민중의 해방과
전쟁 경험, 한국 현대 민족주의 등에 관한 연구를 진행하고 있다.

편지로 읽는 해방과 점령

편지로 읽는 해방과 점령

정용욱

민음사

일러두기

이 책에 수록한 편지 자료는 저자가 미국 국립문서관에서 촬영한 것이다. 신문 자료는 모두 국립중앙도서관 소장이며, 특별히 출처를 밝히지 않은 사진 자료는 모두 국사편찬위원회 전자사료관에 소장되어 있다.

들어가는 말

1945년 8월 15일부터 남과 북에 서로 다른 정부가 수립되는 1948년 8, 9월까지 한반도의 북위 38도선 이남을 미군이, 이북을 소련군이 점령했다. 일본의 패망으로 한국인들은 일제의 식민 통치에서 해방되었지만 동시에 외국 군대의 점령 아래에서 독립과 새 국가 건설을 도모해야 했다. 그 시기는 한국 현대사의 원형(原型)을 이루는 시기였고, 또 6·25 전쟁의 배경을 형성하며 그 전사(前史)에 해당했던 만큼 국내외 학계에서 많은 연구의 축적이 이루어졌다.

한국 현대사 연구가 본격화된 1980년대 후반 이래 해방 공간 또는 점령기로 불리는 이 시기에 대한 연구가 비약적으로 성장했다. 연구의 출발 단계에서 이 시기 역사 연구는 '탈식민'이라는 한국 사회의 역사적 과제가 한국인들에 의해 해결되지 못하고 외세의 개입으로 결국 분단으로 귀결되는 과정과 통일 독립 국가 건설의 실패 원인에 대한 해명을 주요한 목표로 제시했다. 그리고 그러한 인식 위에서 이 시기에 일어난 제반 사건들의 인과적 연쇄에 대한 해명, 한국인들의 주체적 노력이 실패로 귀결될 수밖에 없었던 원인과 책임 소재는 물론 그러한 결과가 초래될 수밖에 없었던 구조적 조건에 대한 해명을 주요한 연구 과제로 하여 전개되었다.

그러나 최근에는 사회사와 일상사로 연구 영역이 확장되면서 당대인들의 삶을 보다 풍부하게 이해할 수 있게 되었다. '아래로부터의 역사'를 추구하는 사회사나 생활사 연구는 미국, 러시아 측 자료 외에 신문, 문학 작품, 구술 자료 등 과거에는 잘 활용하지 않았던 자료를 발굴하기 위해 노력했다. 신문은 정치사나 경제사의 영역에서도 관련 사건을 이해하는 기초 자료 구실을 했지만 사회사 영역으로 연구가 확대되면서 보다 널리 활용되기 시작했다. 특히 구술 자료는 존재하던 자료를 수집하는 것이 아니라 새로 자료를 생산하고, 자료원(資料源)을 확대할 뿐 아니라 이를 통해 잃어버리거나 잊힌 역사를 발굴하고 복원할 수 있다는 측면에서 연구자들의 주목을 받았다. 제주 4·3 사건을 망각의 늪 저편에서 역사의 한 부분으로 끌어내는 데 희생자들의 증언이 큰 역할을 했고, 전쟁 전후 국가 폭력이 자행한 민간인 학살과 각종 인권 유린 행위의 진상을 규명하는 데에도 구술사가 한몫했다.

이제 해방 직후 신문 기사를 책상머리에서 인터넷을 통해 검색하고 열람할 수 있는 시대가 되었다. 미국과 러시아의 정부와 군부가 점령기에 생산한 한국 관련 문서들 가운데 웬만큼 중요한 자료는 국내의 도서관, 문서관, 연구 기관이 제공하는 웹디비(Web-DB)를 통해 대부분 열람할 수 있게 되었다. 또 각종 구술사 자료가 확충됨으로써 분단이 고착되는 과정에서 한국인들이 겪은 고통을 직시할 수 있게 되었고, 분열과 대립이 낳은 갈등의 실체와 참상도 응시할 수 있게 되었다. 사료의 확대와 1980년대 후반 이후 본격화한 과거사 청산과 정리 작업은 우리 사회의 역사 인식을 한층 확장했고, 보다 확대된 사료 기반과 객관적 이해를 토대로 현대사를 재구성할 수 있는 기회를 제공했다. 연구 조건의 호전과 자료 상황의 개선, 연구자들의 노력이 현대사에 대한 이해의 확산과 인식의 심화를 도왔지만 민주화에 따른 시민의식과 역사의식의 고양이 없었다면 이는 불가능한 일이었다.

　　이렇게 한국 현대사 연구가 괄목할 만큼 성장하고, 한국인들의 현대사 인식 또한 민주화 이전과 확연히 달라졌지만 한국 사회가 해방 이후 점령기의 역사와 만나려면 여전히 현실에서 작동하는 이념 대립과 역사 갈등을 통과의례처럼 거치게 되고, 분단 과정에서 겪은 학살과 피학살, 온갖 인권 유린 행위, 그 과정에서 만들어진 개인과 집단의 트라우마를 떠올리게 되는 것 또한 사실이다. 그리고 구조화된 분단과 그것이 초래한 기형적인 역사 인식 역시 그 시기 역사와의 대면을 여러 측면에서 방해하곤 한다.

　　미·소의 점령 기간은 한국 사회에서 '식민'이라는 과거를 소거하면서 동시에 '탈식민'의 현실을 우회하거나 무력화시켰고, 강대국의 점령은 한국 사회에 소거와 우회, 무력화를 위한 새로운 사고방식과 담론을 제공했다. 그리고 탈식민의 현실로부터 냉전으로 진입한 1945년에서 1950년 사이에 한국 사회는 전쟁터로 변했다. 한국 사회의 다양하고 구체적인 정치·사회적 갈등의 당사자들 가운데 억압에 참여한 행위자들은 냉전 체제의 대립의 논리를 활용하여 이견을 억누르고, 한국 사회를 정화하려고 했다. 그리고 해방된

지 70년이 지났지만 한국 사회는 지금도 여전히 그 유산을 부여잡고 씨름하고 있다.

1945년 일제가 패망하고 미·소 양군이 한반도를 분할 점령했을 때만 해도 냉전이라는 용어는 지구상에 존재하지 않았다. 냉정 전쟁이니 냉전이니 하는 용어가 뜨문뜨문 남한의 신문 지상을 오르내리던 1947~1948년만 해도 냉전은 한반도에서 일상적으로 반복되는 일과는 별로 상관이 없었다. 그러나 미소공위를 통한 미·소 간 협상, 한국인의 자율적인 통일 독립 정부 수립 노력이 모두 실패로 끝나고, 한반도 남과 북에 서로 다른 정부 수립이 가시화하자 점차 냉전의 언어와 논리가 한국 사회를 지배하기 시작했다.

한국 사회가 식민 지배와 유제(遺制) 청산에 실패하고 결국 분단과 전쟁 발발을 저지하지 못한 배경과 경위를 이해하려는 노력이 당시 일어난 갈등과 충돌을 좌우 대결이나 이데올로기 대립으로 단순화하거나 사후적으로 냉전의 기원을 소급하는 데 그쳐서는 안 된다. 그 시기 역사와 마주하기 위해서는 당대 삶의 현장에서 이러한 사태의 전개를 매개하던 사건들의 실체는 무엇이었고, 그 시기 한국인들이 이를 어떻게 수용 또는 저항했는지 구체적으로 살펴보려는 노력이 필요하다.

해방 직후 한반도에 거주했거나 한반도로 돌아온 한국인들에게 가장 시급한 과제는 전쟁과 식민주의의 유산을 하루빨리 극복하고, 자신과 공동체의 삶을 복원하는 것이었다. 1940년대 후반과 1950년대 초반의 시기를 냉전의 서막으로 가정할 수도 있겠지만 대다수 한국인들에게 그 시기는 무엇보다도 전후의 시대였고, 식민지 상태로부터 갓 해방된 시대였다. 그리고 그들의 경험과 기억을 지배한 것 역시 그 이전의 잔혹한 식민 지배와 잔인한 전쟁이었다. 그 시기 역사를 제대로 이해하기 위해서는 2차 세계대전과 식민주의의 유산, 그리고 그에 대한 사람들의 경험과 기억이라는 역사적 배경을 구체적으로 탐구할 필요가 있고, 냉전이 아직 현실이 아니었던 시기에 일어난 광범위한 사건과 현상들을 당대의 고유한 역사적 배경과 맥락에서 깊이 분석해야 한다.

점령기의 정치·사회적 변화가 가지는 역사성을 깊이 있게 이해하기 위해서는 지도자들뿐 아니라 변화를 추구한 보통 사람(民草, Grassroots)들의 역할과 행위를 가까이에서 들여다볼 필요가 있다. 이 책은 점령기에 오간 편지들을 활용해 당시 한국인들이 해방과 점령을 어떻게 보았고, 또 어떻게 그에 대응했는지 살펴보려고 한다. 편지들이 특별히 영향력이 있어서라기보다 당대인들이 그들 자신의 표현으로 자신보다 영향력이 큰 목소리나 그 시대의 주요 사건들을 향해 어떻게 응답했는지를 보여 주는 귀중한 시선을 제공하기 때문이다. 보통 사람의 인식과 통념, 사회적 여론과 소문, 개인의 감정을 단지 냉전의 영향으로서 다루는 것이 아니라 충돌하는 현실을 구성하는 다양한 주체들의 목소리로 드러내고자 한다.

편지는 사회적 소통의 기본 수단이기 때문에 중요한 사료임에 틀림없지만 그것이 사료로 활용될 때 일정한 제한성을 가지는 것도 사실이다. 편지는 공무(公務)의 필요성에서 작성되기도 하고 그 경우 편지는 대개 공문서(公文書)의 일부로 취급된다. 개인들 사이의 사사로운 편지는 공적인 필요에서 작성된 것이 아니고 주로 개인들 간의 사적 영역을 반영한다. 또 자기 고백적 형식, 내용의 일기와 달리 사람들은 편지를 쓸 때 상대방을 의식한다. 편지는 작성 의도를 간직한 만큼 발신자의 속내와 편지 내용 사이의 간극을 어떻게 해석할 것인가 하는 문제를 제기한다. 이런 사정으로 편지 역시 다른 자료만큼 엄밀한 사료 비판이 필요하고, 역사가는 편지를 해석할 때도 신중함을 유지해야 한다. 사료로 남아 있는 편지들은 발신인과 수신인 사이에 오랜 기간 지속적으로 교환된 경우가 흔치 않고 대개 단속적이거나 일회성 교환에 그친 경우가 많다. 이것은 편지 자료가 가진 표집(標集)상의 문제와 그로부터 오는 대표성의 문제를 제기한다. 편지 자료는 장기성과 지속성을 갖기보다 우연성과 일회성에 지배되는 경우가 많아 그만큼 자료의 대표성이 희박하고, 그 내용도 단편적이라 신뢰하기 어렵다는 비판이 가능할 것이다.

하지만 역설적으로 그런 한계로 인해 편지 자료가 오히려 그것이 작성된 당시의 상황을 한층 압축적으로 반영할 수도 있지 않을까? 편지 문면에 서술된 내용을 그대로 전달하는 차원이 아니라 편지의 작성 배경과 작성 경위, 수집·보존 경위 등 편지의 작성과 전달, 수집을 둘러싼 상황 구속성과 전후 맥락을 충분히 이해한 토대 위에서 편지 내용을 분석한다면 편지의 주관성과 우연성, 일회성, 표집의 제한성이 갖는 대표성의 문제, 내용의 단편성 등 편지 자료의 사료적 제한성을 극복하고 오히려 편지 문면이 간직한 내용

이상의 풍부한 역사성을 드러낼 수 있기 때문이다.

이 책에서 활용한 편지들을 모두 미국 국립문서관(National Archives II)에서 수집했는데 편지들이 미국의 문서고에 소장된 경위가 그런 생각을 더욱 부추긴다. 편지들 가운데에는 한국인들이 점령군 당국에 보낸 편지가 다수이지만 미군정의 검열을 거쳐 검열 보고서의 형태, 또는 미군정 정보 보고서에 그 내용이 수록된 채 남아 있는 것들도 많다. 심지어 주한 미군은 편지 검열을 통해 지속적으로 한국 사회 내부의 여론 동향을 탐문했으며, 그 조사 결과를 정기 보고서 형태로 출간했다. 이 자료들은 당시 한국 사회의 민심과 민의를 드러내지만 동시에 점령군 당국자들이 그것을 어떻게 보았는지 드러내고, 이를 점령군이 생산한 다양한 문서들, 당시 신문들과 함께 분석하면 편지 내용을 당대의 역사적 상황과 연결하여 보다 구체적으로 이해할 수 있는 기회를 제공한다.

30여 년 전 미국 국립문서관에 처음 발을 들여놓은 이래 여러 차례 그곳을 방문하여 필요한 자료들을 조사할 기회가 있었다. 그곳에서 자료를 열람하면서 점령기에 한국인들이 작성한 편지들을 간헐적으로 접했고, 그때마다 그것들을 수집했다. 편지들은 이역만리 먼 길을 찾아가 발견한 것이지만 어쩐지 긴 세월을 기다렸다가 내게 배달된 것처럼 느껴진다. 우리가 직접 겪어 보지 않은 시대를 이해하기는 쉽지 않은 일이고 많은 경우 역사는 손에 잘 잡히지 않는 추상적인 그 무엇으로 다가온다. 하지만 이 책에서 소개한 편지들이 그 시기에 대한 우리들의 역사적 망각을 불식시키고, 또 우리의 기억을 과거에만 머물게 하지 않고 현재의 시점에서 끊임없이 재해석할 수 있게 새로운 영감을 던져 줄 수 있다면 그보다 다행은 없을 듯하다.

　이 책은 2019년 한 해 동안 《한겨레신문》에 연재한 원고를 다듬고 주석을 붙인 뒤 주제별로 재배열한 것이다. 장기간의 신문 연재는 처음이었는데 실시간으로 올라오는 독자들의 반응은 역사학자의 긴 호흡으로는 감당할 수 없는 것들이 많았으나 흥미로운 체험이었고, 내 글쓰기를 여러모로 돌아보게 만들었다. 적절한 논평과 세심한 편집으로 글에 활력을 주고, 연재 기간 내내 긴장감을 잃지 않게 해 준 김종철 기자님과 《한겨레신문》에 감사의 마음을 전한다. 최근 발굴된 사진 자료들로 글의 주제 의식을 한층 돋보이게 도와준 고지훈 학형에게도 감사의 인사를 전한다. 민음사 박맹호 회장님의 후의에 뒤늦게나마 감사의 인사를 드릴 수 있게 되어 다행이다.

2021년 1월
정용욱

차 례

과거로부터 배달된 편지, '해방과 미 점령'을 증언하다

　몇 년 전 이역만리 페루의 쿠스코에 있는 대성당에서 진귀한 그림과 조우했다. 잉카 원주민 출신 화가 마르코스 사파타의 「최후의 만찬」이 바로 그것이다. 그림 속 인물들 가운데 한 사람만 유일하게 얼굴이 거무스름하다. 그 사람이 유다라는 것은 쉽게 짐작할 수 있다. 예수를 팔아넘기고 받은 돈을 넣은 주머니인지 유다는 식탁 아래 오른손에 주머니 하나를 꼭 쥐고 있다. 「최후의 만찬」은 교회나 서양의 미술관에서 자주 접하는 성화이고, 유다와 주변 분위기를 다소 어둡게 묘사한 그림이 없지 않지만, 이 그림처럼 노골적으로 유다만 검게 채색한 작품은 좀처럼 보지 못했다. 화가는 왜 유다만 유색인으로 그렸을까?

　그 그림을 접한 뒤 의문을 해소하기 위해 인터넷을 여러 차례 검색했고, 서양 미술사 관련 책들을 뒤졌지만 아직 그 이유를 밝히지 못했다. 마르코스 사파타는 종교적 주제를 다루면서도 작품에 우의(寓意)와 비유를 집어넣고, 복잡한 신학적 주제를 단순화해 표현한 것으로 유명하다.[1] 이로 보아 그가 자의식이 강했고, 교회의 후원을 받았지만 나름대로 독자적인 작품 세계와 자기만의 화풍을 추구했음을 짐작할 수 있다.

다른 수단과 방법으로도 유다를 예수의 다른 제자들과 구분할 수 있을 텐데 왜 사파타는 유다만 유독 유색인으로 묘사했을까? 만약 권력자인 스페인 총독 또는 후원자인 대주교의 주문에 따른 것이라면 유다의 검은 피부는 스페인 통치자와 대주교의 인종주의적 편견을 반영한 것이고, 사파타 스스로 그렇게 그렸다면 식민지 원주민 화가의 자의식의 발로로 보아야 할 것이다. 그가 얼마나 독실한 기독교도였는지는 알 수 없다. 하지만 사파타가 만약 케추아족으로서의 자의식 때문에 유다를 유색인으로 표현했다면, 그는 기독교를 신봉하더라도 케추아인은 유다와 같은 존재에 불과하다는 자기 내면의 의식을 그림에 드러낸 것은 아니었을까? 그렇다면 그는 작품에 노골적으로 비꼬기(Irony)라는 모티프를 추가한 것이다.

그 그림에 구현된 시대정신과 그의 정신세계를 과연 어떻게 보아야 할까? 그 그림을 그의 자아와 내면세계를 드러내는 에고도큐먼트로 볼 수 있을까? 그의 창작 동기나 배경을 알려 주는 다른 자료가 남아 있지 않다면 후대의 역사가는 그림을 통해서 그의 미의식과 정신세계를 탐구할 수밖에 없다. 어쨌든 역사가가 화가와 화가의 작품을 진정으로 이해하고, 그가 살았던 시대와 대면하기 위

페루 쿠스코 대성당의 「최후의 만찬」.
유다(오른쪽 맨 아래)의 얼굴색만 검다.

해서는 그의 내면세계로 들어가 그의 주체성(Subjectivity)과 마주하지 않으면 안 될 것이다.

에고도큐먼트의 등장

최근 역사학계에서 편지, 일기, 수기, 자서전 등의 에고도큐먼트(Ego-document)를 통해 역사를 서술하려는 움직임이 활발하다. 일종의 자기 고백이자 동시에 시대에 대한 증언이라는 에고도큐먼트가 가진 이중의 성격에 역사가들이 주목한 것이다. 편지, 일기 등은 개인의 은밀한 내면세계를 알 수 있는 자료이고, 공식 기록은 아니지만 사회를 반영한다는 점에서 전적으로 사적이라고도 할 수 없다. 즉 편지에는 개인의 심성과 사건이 결합되어 나타난다. 그리고 역사가 자료 또는 텍스트의 매개를 통해 개인 또는 집단과 연관된 세계를 보는 것이라고 할 때 편지는 현실 속에 존재하는 개인 자신의 의미와 그가 지향하는 가치를 동시에 보여 준다는 서사적 특징을 가진다.[2]

게다가 에고도큐먼트는 그동안 거대 담론이 지배했던 역사 해석을 다양한 개별 주체들이 참여하는 역사 서술과 해석으로 확장할 수 있는 가능성을 제시한다. 최근 구술사, 미시사, 생활사 분야의 연구가 활발해지면서 개인과 가족의 역사, 마을의 역사 등으로 역사 서술의 주체가 세분화되고 다양화되었으며, 그것은 또 역사를 바라보는 시각과 관점을 바꾸거나 다양화하고 있다. 편지, 일기 등

에고도큐먼트는 개인들의 자기 증언을 통해 역사 서술의 주체를 다변화하고 확장해 주는 구실을 한다. 그리고 자전적 자료와 텍스트는 자기 증언이자 동시에 공동체 및 귀속 집단과도 연결됨으로써 한 사회의 가치관과 행동 양식을 볼 수 있게 해 주고 사람들이 규범적인 질서 또는 혼란에 어떻게 대처했는지 알게 해 준다는 장점이 있다.

'해방 공간'으로부터 수많은 편지가 배달되었다. 아니 필자가 그 편지들을 찾아갔다고 말하는 것이 옳다. 미국의 수도 워싱턴 근교의 메릴랜드주 칼리지파크에 있는 미국 국립문서관(National Archives II)에 소장된 그 편지들은 서울에서 비행기로 13시간 이상을 날아간 뒤, 공항에서 자동차로 1시간이나 더 달려가서야 비로소 그 실물을 볼 수 있다. 하지만 그 편지들은 필자가 찾아냈다기보다 과거로부터 배달되었다고 보는 것이 아무래도 옳을 듯하다. 그 편지들이 무언가 자꾸 말을 걸어와, 그것들이 전하는 사연에 귀를 기울이고 응답하지 않을 수 없다.

미군정의 편지 검열

과거로부터 배달된 편지들은 몇 개의 문서철에 나뉘어 미국 국립문서관에 소장되어 있다. 발신인은 이승만, 김구, 여운형 등 한국인 지도자들부터 장삼이사에 이르기까지 다양하다. 수신인 역시 맥아더 장군, 하지 장군, 웨드마이어 장군 등 미군 고위 당국자들과 장성들부터 평범한 한국 시민들에 이르기까지 다양하다. 편지 자료들은 소통의 주체와 상대, 소통 방향이 다양했고, 미군이 그 편지들을 수집, 정리한 동기와 목적 역시 다양했다. 어떤 편지는 점령군 당국의 검열 이후 수신인에게 배달되었고, 어떤 편지는 압수당하여 미처 배달되지 못했으며, 어떤 편지는 6·25 전쟁 중 미군에 의해 '노획'되기도 했다.[3]

도대체 그 편지들은 어떤 사연을 간직한 채 이국의 문서고(文書庫)에서 70년이나 잠자고 있을까? 오늘의 시점에서 이 편지들이 후손에게 전달하는 메시지는 과연 무엇일까? 같은 문서고에 수장된 미군정의 각종 통치 자료나 정책 문서, 또는 그들이 점령지에 펼쳐 놓은 조밀한 정보망을 통해 수집하고 정리한 각종 첩보·정보 보고서들, 그리고 당대에 간행된 신문, 잡지 등을 통해 재구성된 역사와 이 편지들이 증언하는 역사는 얼마나 차이가 날까?

전근대는 물론 근대에 이르러서도 편지는 사회적 소통의 기본 수단이었고, 그것은 해방 이후 미·소 양군이 한반도를 점령했던 시기에도 마찬가지였다. 남한을 점령한 미군은 전신, 전화 등 보다 신속하고 발달한 통신 수단을 독점했고, 그것들을 이용해 남한을 통치했다. 하지만 한국인들은 주로 편지로 소통했고, 자신의 의사를 점령군에게 전달할 때도 마찬가지였다. 수신자가 미군정 당국이거나 요인이라면 모를까 한국인들 사이에서 사사로이 교환된 편지들이 도대체 어떤 연유로 미국 국립문서관에 소장되어 있을까? 미군이 한국인들끼리 주고받은 편지까지 수집한 목적은 무엇인가?

미군은 진주 초기부터 한국 사회의 여론 동향을 예의 주시하면서 그것을 한국인들끼리 주고받은 편지들을 통해 추적했다. 미군은 편지가 기본적인 사회적 소통 수단인 만큼 그것을 분석하면 남한의 정치, 경제, 사회관계와 인간 활동을 이해하는 데 큰 도움이 된다는 사실에 주목했고, 진주하자마자 서신 검열 전담 기구를 설치해 편지들을 검열하기 시작했다. 민간통신첩보대(Civil Communication Intelligence Group-Korea)라고 불린 이 기구는 1945년 9월 9일 서울에 최초로 설치되어 9월 13일부터 중앙우체국에서 우편 검열을 개시했고, 이어 1945년 10월 6일 부산에서도 우편 검열을 시작했다. 점령군 당국은 마음만 먹으면 남한 내의, 또는 남한을 드나드는 편지, 소포는 물론 전신, 전화 등 모든 우편물과 통신을 검열할 수 있었고, 점령 직후부터 치안과 경제 복구를 명분으로 검열을 실시했다.[4]

이 기구는 처음에는 일본인, 한국인 '감시 대상자 명단(Watch List)'을 만들어 관리했으나 점령이 장기화함에 따라 그 명단에서 일본인이 점차 사라진 대신 그 자리를 한국인 이름들이 메꾸었고 그 수가 갈수록 늘어났다. 이 기구는 한국인 정치가들 또는 정당, 단체들을 중요도에 따라 분류한 감시 대상자 명부를 만들어 그들이 주고받은 편지들을 우선적으로 검열했지만 보통 사람들의 편지도 일정 비율을 임의 추출해 검열했다. 점령군이 만든 감시 대상자 명단은 첩보 수집, 사찰의 목적과 필요성을 증명하는 것이지만 이 기구가 일반인들의 편지까지 광범하게 검열한 동기와 이유는 무엇인가?

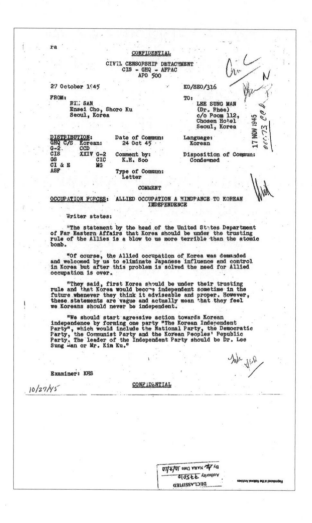

ra

CIVIL CENSORSHIP DETACHMENT
CIS - GHQ - AFPAC
APO 500

27 October 1945   KO/SEO/316

FROM: TO:
    RI: SAN   LEE SUNG MAN
    Ensei Cho, Shoro Ku   (Dr. Rhee)
    Seoul, Korea   c/o Room 112,
                                             Chosen Hotel
                                             Seoul, Korea

DISTRIBUTION: Date of Commun: Language:
GHQ C/S Korean: 24 Oct 45   Korean
G-2   CCD
CIS   XXIV G-2   Comment by: Disposition of Commun:
GS   CIC   K.H. Soo   Condemned
CI & E   MG
ASF   Type of Commun:
                       Letter

                        COMMENT

OCCUPATION FORCES: ALLIED OCCUPATION A HINDRANCE TO KOREAN
                                INDEPENDENCE

        Writer states:

        "The statement by the head of the United States Department
    of Far Eastern Affairs that Korea should be under the trusting
    rule of the Allies is a blow to us more terrible than the atomic
    bomb.

        "Of course, the Allied occupation of Korea was demanded
    and welcomed by us to eliminate Japanese influence and control
    in Korea but after this problem is solved the need for Allied
    occupation is over.

        "They said, first Korea should be under their trusting
    rule and that Korea would become independent sometime in the
    future whenever they think it advisable and proper. However,
    these statements are vague and actually mean that they feel
    we Koreans should never be independent.

        "We should start aggressive action towards Korean
    independence by forming one party "The Korean Independent
    Party", which would include the National Party, the Democratic
    Party, the Communist Party and the Korean Peoples' Republic
    Party. The leader of the Independent Party should be Dr. Lee
    Sung Man or Mr. Kim Ku."

    Examiner: KHS

    10/27/45   CONFIDENTIAL

미군정 '민간검열지대(Civil Censorship Detachment)'가 작성한
한국인 서신 검열 보고서. 서울 인사동에 살았던 임산이라는 사람이
이승만에게 부친 1945년 10월 24일자 편지를 몰수한 다음
간략한 내용을 적어 상부에 보고한 문서. 편지 내용은 "신탁 통치를
실시할 것이라는 미 국무부 극동국장의 성명은 원자탄보다 끔찍하고,
신탁 통치에 반대하기 위해 모든 정당이 연합해 하나의 정당을
결성해야 한다."라는 것이었다.

'부모님 전 상서'가 말하는 것

흥미롭게도 이 기구는 일반인들의 편지 검열을 통해 남한 사회의 여론 동향을 추적한 「서신검열정보요약(A Digest of Information Obtained From Censorship of Civil Communications in Korea)」이라는 보고서를 정기적으로 작성했다. 미군이 점령지 주민들이 주고받은 사신(私信)을 통해 해당 지역의 생생한 여론을 채취한 셈인데, 미군은 이 기발한 착상을 또 다른 점령지 일본에서도 똑같이 실행에 옮겼다.[5] 그런데 수집자의 의도와 달리 그 보고서와 그것을 작성하기 위해 점령군이 수집한 편지들은 역으로 후대의 연구자들에게 해방 직후 한국 사회의 민심과 민의를 들여다볼 수 있는 '때늦은 지혜'를 제공해 주었을 뿐 아니라 점령자의 시선까지 파악할 수 있는 기회를 제공했다.

1945년 8월 15일 해방된 날로부터 정부가 수립되는 1948년 8월 15일까지의 기간을 '해방 공간' 또는 '점령기'로 부른다. 전자가 일제 패망에 따라 식민 지배로부터 해방되어 독립 국가 수립의 가능성이 그 어느 때보다 높았던 당시의 역사적 사정을 강조한다면, 후자는 해방이 곧 외국 군대에 의한 한반도 분할 점령으로 이어지고, 그 시기 한국인들이 전개한 정치·사회적 개혁과 새 국가 건설을 위한 노력이 외국 군대의 점령 아래서 제대로 개화할 수 없었던 역사적 규정성을 강조한다. 8·15 광복 이후 한반도는 해방의 감격과 점령의 엄중함이 공존하며 서로 교차했다. 그 복잡하고 역동적인 시기의 구조와 역사적 성격을 거시적으로 이해하는 것도 중요하지만, 새 국가 새 사회를 건설하기 위해 광장과 골목, 마을 어귀나 사랑방에 모여 시국담과 애환을 나누었던 민초들의 목소리를 통해 이해할 필요도 있지 않겠는가. 그 시기 민중 생활을 크게 위협하고 경제적 혼란을 야기했던 하이퍼인플레이션에 대해서는 쌀값 등귀와 하숙비 인상으로 더 이상 서울 유학이 불가능하다는 내용의 "부모님 전 상서"가 더 생생하게 전달해 줄 수 있을 것이다.

1장   '점령'의 무게:
동아시아에서 미국의
점령 통치와 탈식민

지도자의 환국과
민초의 귀환

1945년 11월 19일, 대한민국 임시 정부 주석 백범 김구가 귀국하기 직전에 중국 주둔 미군 사령관 웨드마이어 중장에게 편지 한 통을 썼다.

나와 최근까지 충칭(重慶)에 주재했던 대한민국 임시 정부 요원들이 항공편으로 입국하는 것과 관련하여 나와 동료들이 공인 자격이 아니라 엄격하게 개인 자격으로 입국이 허락되었다는 것을 충분히 이해하고, 그것을 확인하는 바입니다. 나아가 우리가 입국하여 집단적으로나 개인적으로나 행정적, 정치적 권력을 행사하는 정부로서 기능하지 않을 것을 선언합니다. 우리의 목적은 미군정이 한국인들을 위해 질서를 수립하는 데 협조하는 것입니다.[6]

편지 작성 경위를 살펴보면 이 편지는 백범이 쓰고 싶어서 쓴 것이 아니다. 미군이 서약서를 요청했고, 백범은 임정 주석 자격이 아니라 개인 자격으로 귀국한다는 서한을 제출하고 나서야 중국 주둔 미군으로부터 귀국 항공편을 제공받았다. 조국이 해방되었다고 해도 제 맘대로 돌아올 수 없는 상황이 바로 '점령'이다. 그런 점에서 이 편지만큼 점령의 무게를 고스란히 보여 주는 자료는 없다. 망명 정부 주석이든 필부필부든 고국으로 돌아오기 위해서는 점령군 당국의 입국 허가를 받아야 했던 것이다.

"김구는 스튜의 간을 맞추는 소금"

임정은 1941년 12월 미국의 대일 개전(開戰) 이후 연합국의 일원으로 대일전에 참전하기 위해 대미·대중 교섭을 한층 강화했고, 두 나라를 비롯해 연합국 정부로부터 임정의 정부 자격을 승인받는 데 외교력을 집중했다. 또 임정 지휘하의 광복군은 중국 전구(戰區)와 인도·버마 전구에서 활동하던 미군 전략국(OSS)과 제휴하여 그들과 함께 한반도 진공 작전을 준비했다.

하지만 광복군과 미군의 합동 작전을 위한 공동 노력에도 불구하고 임정은 연합국들로부터 끝내 정부 자격을 승인받을 수 없었다. 미국은 태평양 전쟁 발발 이후 일찌감치 한반도 신탁 통치라는 확고한 전후 대한 정책을 수립한 뒤 그 실현 방안을 모색했고, 종전 뒤에도 그 방침은 변하지 않았다. 한반도의 북위 38도선 이남 지역을 점령한 미군 사령관 존 하지 중장은 김구가 귀국한 뒤 자신의 구상에 따라 "스튜의 간을 맞추는 소금"(하지가 1945년 11월 2일 참모회의

일제가 패망할 때까지 독립운동을 했던 임시 정부 요인들은 해방 이후
미군에 의해 개인 자격으로만 입국이 허용되었다. 1945년 11월 5일
충칭에서 상하이에 도착한 임정의 김구 주석이 환영 꽃다발을 건 채
태극기를 들고 있다.

에서 한 말) 역할을 해 주기를 기대했지 임정을 망명 정부로 대우할 생각이 전혀 없었다. 그것을 명확하게 하기 위해 그는 임정 요인들에게 입국 서약서를 받아 낸 뒤 그들의 귀국을 허용했다.[7]

임정이 일본 항복 소식을 미군 쪽으로부터 전달받은 것은 일본이 연합국에 무조건 항복하기 닷새 전인 8월 10일이었다. 김구는 그때 광복군과 미군 전략국이 공동 훈련을 벌이던 시안(西安)을 방문 중이었다. 김구가 일본 항복 소식을 접했을 때 기뻐하기보다 장탄식을 한 데는 이유가 있다. 그는 연합국의 일원으로 참전하여 교전국으로 승인받지 못했을 때 연합국의 전후 처리 과정에서 한국이 아무런 발언권을 행사하지 못하게 될 것이라는 점을 잘 알고 있었고, 그것이 전후 한반도의 운명에 드리울 암운을 일찍부터 우려했다. 김구는 이미 태평양 전쟁 발발 무렵 미국 조야에서 열강에 의한 한반도 공동 관리안이 솔솔 새어 나오던 시점부터 해방된 그날 독립을 얻지 못하면 '독립을 위한 역사적 전쟁'을 계속하리라는 각오를 내비쳤다. 위의 서한은 그의 우려가 기우가 아니었음을 보여 주고, 점령의 무게를 고스란히 드러냄은 물론 종전 이후 열강 사이의 복잡한 전후 정치의 소용돌이 속으로 휘말리고 있던 한반도를 상징적으로 보여 준다.

"맥아더 원수님께 부탁합니다"

일본의 패망 직후 국외로 망명했던 혁명가들이 한반도 내외 정세를 관망하며 조기 환국을 위해 애썼다면 보통의 한국인들은 일상의 혼란 속에서 삶을 재건하기 위해 고투를 벌여야 했다. 해방의 그날, 민족 반역자들과 친일 부역자들을 제외한 한국인들은 지구상 어디에 있었건 해방의 감격으로 몸을 떨었을 것이다. 하지만 해방의 감격과 함께 그들을 찾아온 것은 구체제의 몰락과 해체에 따른 사회·경제적 혼란과 개인적 신상의 변화였다. 그중에서도 일본, 만주 등 국외로 이주했거나 강제로 동원되었던 한국인들은 조국으로의 귀환을 서둘렀다. 그들에게 해방은 제일 먼저 삶의 공간적 재배치로 찾아왔다. '귀환'은 국외의 한국인들이 일본 제국주의 구체제의 식민 지배 청산, 승전 연합국의 전후 처리와 처음으로 대면하는 과정이었다.

일본 도쿄에 살던 변무련이라는 이름의 조선인 어린이가 1945년 12월 (일본 점령 연합국 최고 사령관인) 맥아더 장군에게 일본어로 쓴 편지 한 통을 보냈다. 양면 괘지에 연필로 꾹꾹 눌러쓴 이 편지는 "원수님께 부탁합니다."로 시작한다. 하루라도 빨리 조선에 돌아가고 싶다고, 또 돈과 가진 것을 모두 가지고 돌아갈 수 있게 해달라고 두 번 세 번 부탁하는 내용이다. 초등학교 1, 2학년 수준의 어투와 필체에다 철자와 단어도 정확하지 않다. 하지만 부모를 대신하여 이런 내용을 식구들 가운데 그나마 일본어로 쓸 수 있었던 사람은 이 어린이가 유일하지 않았나 싶다. 귀국 시 점령 당국이 금전과 동산을 얼마만큼이나 소지하게 해 줄 것인가는 이 가족에게 절박한 문제였다.

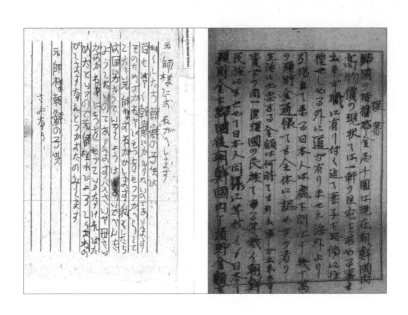

왼쪽은 '조선으로 모든 재산을 갖고 돌아가게 해 달라'고
맥아더 사령관에게 호소하는 도쿄에 살던 어린이 변무련의 편지.
미군은 일본에서 귀환하려는 우리 동포들에게 '1인당 1000엔까지만
지참할 수 있다'는 지침을 내렸다. 오른쪽은 가와사키에 살던
이창규가 이와 관련해 맥아더 사령관에게 보낸 편지.

일본 거주 귀환 동포들의 간절한 사정은 가와사키에 거주하던 이창규가 역시 맥아더 장군에게 보낸 1946년 5월 17일자 투서에도 잘 나와 있다.

귀국할 때 1인당 1000엔 이상은 갖지 못하도록 제한하고 있으나, 조선의 물가고에 비추어 이 돈으로는 귀국하여 집도 구입하지 못하고, 직장을 구할 때까지 생계를 유지할 수 없음에 따라 처자는 노숙자가 될 수밖에 없습니다. 하지만 해외에서 귀환하는 일본인은 기십만 엔의 예금 통장으로 언제든지 돈을 인출하여 생활을 할 수 있습니다. 그러니 귀하가 똑같이 관리하고 있는 나라의 민족인 우리 조선 민족도 일본인과 마찬가지로 귀국 후 예금에서 돈을 인출할 수 있게 하여 주심을 원합니다.

이창규의 편지는 조선인의 경우 귀국 시 지참금을 제한하지 말고, 고국에 돌아가서도 자신이 일본에서 저축했던 예금을 인출할 수 있게 해 줄 것 외에 38도선을 폐지하여 남과 북이 동일 민족의 국가로 건설될 수 있도록 해 줄 것을 청원하고 있다.

그의 청원이나 변무련 어린이의 편지에 나타나듯이 일본 거주 조선인들에게 일본의 패망과 조선의 해방은 일제의 식민 지배가 훼손한 삶을 복원하고, 하루빨리 고국에 돌아가 자신과 가족을 위해 새로이 생활 기반을 마련할 것을 요청했다. 그러나 향후 사태의 진행을 보면 그들에게는 일제 식민 지배로 인한 피해의 보상이나 고

일본에서 귀환하는 동포들은 미군의 지참금 제한 조처 때문에
그나마 모았던 재산도 대부분 두고 와야 했다. 1945년 10월 2일
일본에서 부산으로 귀국하는 동포들의 모습. 일부는 맨발이다.

국으로의 귀환, 귀환 후 정착 그 어느 것도 순조롭지 않았다. 그것은 단순히 관계자나 관련 당국의 소홀한 준비나 시행상 착오에서 빚어진 일이 아니었고, 일본의 패전과 조선의 해방, 그리고 미·소 양군의 분할 점령이 가져온 정세의 다층성과 해결해야 할 역사적 과제의 중층성 등 구조적 요인에서 비롯되었다.

임정 2진이 마주친
동포들의 참상

조소앙, 김성숙, 신익희, 장건상 등 임정 2진이 1945년 12월 1일 역시 미군 수송기 편으로 귀국했다. 그 비행기는 쏟아지는 눈 때문에 서울의 관문인 여의도 또는 김포 비행장에 착륙할 수 없었고, 눈이 쌓이지 않은 곳을 찾아 남행하다 오후 3시가 되어서야 옥구 비행장에 착륙했다. 그날로 상경을 시도했으나 방한도 되지 않는 미군 트럭을 타고 엄동설한에 마구 흔들리며 시골길을 달리는 것은 노혁명가들이 감내할 수 없는 고역이었다. 그들이 차를 멈추게 한 뒤 내려서 동동거리며 얼얼한 손발과 뺨을 녹이고, 눈썹과 머리에 뽀얗게 앉은 흙먼지를 털고 있는데 주위에 마을 사람들이 모였다. 그들 가운데는 집으로 돌아가던 학동들도 있었는데 한결같이 맨발에다 새빨간 발목이 새 다리처럼 얼어 있었다. 일행 중 한 사람이 왜 맨발인지 묻자 아이는 대답이 없었고, 모인 사람들이 오히려 그 질문에 의아하다는 표정을 지었다. 마을 사람 중 한 명이 말했다. "요즘 신 신고 학교 다니는 아이가 어디 있어요. 신을 사 신고 다닐 수가 있어야죠. 사 신을 신발도 없고요." 일행은 아무 말도 못 하고 도로 트럭에 올랐다.[8]

　　노혁명가들은 일제의 중국 침략 이후 임정 간판을 짊어진 채 각지를 떠돌며 갖은 고생을 다 했지만, 그래도 겨울이면 임정의 안주인들은 그들에게 솜 누빈 두루마기를 지어 입히려고 노력했다. 그들은 몇십 년 만에 돌아온 고국에서 그런 참상을 접하리라고는 미처 예상하지 못했을 것이다. 여드레 전에 먼저 귀국한 임정 1진 인사들을 김포 비행장에서 맞이한 것은 미군 병사들과 장갑차들이었다. 1진 인사들은 환영 인파가 나오지 않은 것에 의아해하며 실망을 감추지 않았지만 2진 인사들이 귀국하여 마주친 조국의 상황은 더 기가 막혔다. 그 차이가 경향(京鄕)의 공간적 구분이 가져온 것이거나 미군 당국의 배려가 미흡해서 초래된 것이라면 오히려 다행이겠으나, 그것은 경성 한복판에서 불과 수십 리만 벗어나면 어디서나 마주치는 현실이었다. 임정은 1941년 11월 건국 강령을 발표하여 일제 패망 이후 건국의 방향을 제시했고, 귀국하기 두어 달 전인 1945년 9월에는 14개 당면 정책을 발표했다. 전자는 보통 선거를 통한 정권 수립, 지방 자치제의 전면 실시, 토지 개혁, 민족 반역자와 일제의 재산 몰수, 대생산기관·공공사업·광산 등의 국유화, 무상 교육과 의무 교육의 실시 등을 제시했다. 후자는 '우방 민족과의 제휴'와 '국내 각 계층, 제 정파와의 협력에 의한 과도 정권 수립'과 함께 '교포의 안전 및 귀국과 국내외에 거주하는 동포의 구제를 신속 처리할 것',

'적산을 몰수하고', '독립운동을 방해한 자와 매국적(賣國敵)을 공개적으로 엄중 처벌할 것' 등을 천명했다.[9]

두 성명은 식민지 상태로부터 갓 해방된 사회의 구성원이라면 누구라도 고개를 끄덕일 만한 보편적 요구이자 최소 강령에 해당했으나 그것이 지향하는 가치를 당시 한국 상황에서 실현하기 위해서는 넘어야 할 산이 한둘이 아니었다. 귀환 동포가 되었든 촌부가 되었든 민초들이 일제의 오랜 식민 지배로 인해 허물어진 일상을 복원하고 새로운 삶의 터전을 마련하기 위해 고투를 벌였다면, 지도자들은 임정 요인들의 귀국에서 보듯이 출발에서부터 한반도를 분할 점령한 미국과 소련의 전후 질서 수립 방안과 마주했다. 환국 지도자나 귀환 동포나 그 현실에서 자유로운 사람은 아무도 없었으며, 개인적 삶의 복원, 일제 식민 지배의 청산과 식민 유제의 극복, 그리고 한국 문제의 전후 처리가 모두 서로 연결되어 있었다.

미군에 보낸 일본인 편지

연합군 총사령관인 미국 육군 대장 맥아더 원수가 1945년 9월 2일 미주리호 함상에서 일본 쪽으로부터 항복 문서를 접수했다. 이후 미군은 일본에서 군정을 실시했다. 북위 38도선 이남의 한반도와 차이가 있다면 미군이 직접 통치하지 않고, 일본 정부를 통

1945년 9월 27일 일본 왕 히로히토가 도쿄의 미국 대사관을 방문해
맥아더 미군 사령관을 만난 장면. 서양식 예복 차림의 일왕은
경직된 모습인 데 비해 황갈색 셔츠 차림의 맥아더는 두 손을 뒤춤에
받친 채 편안한 자세를 취하고 있다. 일본 쪽은 이 사진의 사용을
꺼렸지만 당시 미군은 각 신문사에 사진 게재를 명령했다. 이에 따라
9월 29일 《아사히신문》 등에 일제히 실렸다. 《한겨레》 자료 사진

해 간접 통치를 실시했다는 것이다. 미국 국립문서관과 버지니아주 노픽에 있는 맥아더 기념관에는 점령기 동안 일본인들이 점령 당국과 맥아더 장군에게 보낸 편지가 다수 소장되어 있다. 50만 통 이상으로 추산되니 무척이나 많은 양이다. 그 편지들은 일본인들이 패전후 미군 점령을 어떻게 받아들였고, 어떻게 보았는지 가감 없이 그대로 드러낸다.[10]

흥미롭게도 점령군과 점령 정책에 대해 호의적인 반응과 친근감을 드러낸 편지가 비우호적이거나 비판적인 편지보다 훨씬 많다. 맥아더에게 보낸 편지들은 당연히 권력자를 향한 탄원과 진정의 성격을 띠지만 동시에 그에 대한 존경과 애정을 듬뿍 담고 있다. 맥아더는 자기도취가 심했던 군인으로 알려져 있고, 점령 기간 중 나른한 오후면 소파에 길게 누워 영어로 번역된 일본인들의 칭송 편지를 즐겨 읽었다고 한다. 점령자가 피점령자에게 그렇게까지 우호적으로 받아들여진 사례는 역사상 흔치 않다. 일제가 패전 이전 일본 본국은 물론 조선, 대만 등 식민지와 기타 점령 지역에서 미국과 영국을 '마귀와 짐승〔鬼畜米英〕'으로 부르며 극렬한 반미·반영 감정을 불러일으켰던 것과 비교하면 일본인들의 그러한 태도 변화는 더욱 극적이다. 연합군에 의해 일제로부터 해방된 조선인들이 미군을 환영한 것이야 당연하다 치더라도 패전국 국민이 과거 적군이었던 점령군에게 그런 반응을 보인 것은 어떻게 이해해야 할까? 이는 전후 일본의 지배층과 지배 체제가 국민들로부터 얼마나 불신을 받았는지를 단적으로 보여 준다.

맥아더를 '백인 천황'이라고
칭송한 일본인 편지들

　점령기 일본에서 맥아더는 일본인들에게 '벽안의 대군' 또는 '백인 천황(White Emperor)'으로 불렸고, 일왕 이상의 권위를 가졌다. 일본의 점쟁이들이나 무당들 가운데 맥아더를 몸주신으로 받아들인 자들이 많았다고 하니 거의 신적 존재로까지 여겨진 셈이다. 일본 민중이 점령군 수장으로서 절대적인 권력을 행사하던 그를 정서적으로 어떻게 받아들였는지 그 실상의 일단을 보여 주는 예다. 심지어 부녀자들이 보낸 편지들 가운데 '당신의 자식을 낳고 싶다'는 편지가 수다하게 발견된 것을 보고 후대의 한 일본인 연구자는 "당시 일본인은 점령과 동침해서 개혁이라는 자식을 낳았다."라고 표현했다.

　문서 상자에 담긴 수많은 편지 가운데 맥아더 예찬과는 거리가 있는 유별난 편지 하나가 눈길을 끌었다. 오사카 부근 사노마치(佐野町)에 살았던 오우치 하나코(大內花子)가 자신을 전재여자(戰災女子)라고 소개하며 1945년 12월 맥아더 원수에게 엽서 한 통을 부쳤다.

　친애하는 맥아더 각하, 우리가 오랫동안 희망해 온 부인 참정권을 주셔서 감사합니다. 그러나 목하 전쟁의 피해를 입은 채 아직도 남편은 돌아오지 않습니다. 아이가 딸린 우리 아내들은 하루라도 빨리 식량난과 암시장 물가가 없는 생활을 할 수 있도록 온 갖 신경을 쓰고 있습니다. 식량 수입에 확실한 대답이 없는데 무엇이 장애가 되고 있는 것입니까. 천황제가 불가하다면 당장이라도 식량을 미국이 증대 배급해 주는 조건하에 폐지해도 대중은 환호로 그것을 받아들일 것입니다. 각하, 세간의 부인들은 미국의 지배를 기쁘게 받아들이기도 합니다만 여전히 식량난이 계속된다면 미국도 역시 도조 씨가 말한 대로라고 생각합니다.

심각한 식량난과 물가고를 겪는 패전국 부녀자의 애원이지만 동시에 점령군에게 당장 식량을 내놓으라는 협박조다. 심지어 식량 배급만 늘려 준다면 천황제를 폐지해도 좋고, 식량난이 계속된다면 미국도 도조 히데키(東條英機) 전 일본 총리대신의 주장과 다를 것이 없다고 말한다. 도조는 일제의 전쟁 확대를 영·미 제국주의의 대동아 노예화와 세계 정복 기도에 맞선 성전이라고 선동하며 일본 국민을 전쟁으로 내몰았던 전력의 소유자다. 당시에는 A급 전범으로 기소되어 형무소에 수감 중이었다. 오우치 하나코는 식량난이 계속된다면 "도조 씨가 말한 대로" 미국이 일본, 아시아를 노예화할 목적으로 점령했다는 비난을 피하기 힘들 것이니 식량 공급을 늘려 달라고 주장한다. 필자의 절박한 심정을 반영하듯 문장 끝에 마침표나 물음표도 미처 찍지 못한 채 단번에 휘갈겨 쓴 이 엽서는 간사이(關西) 사람의 기질을 드러낸 듯 내용도 괄괄하고 필체도 활달하다.

오우치 하나코가
맥아더에게 보낸 엽서의
앞면과 본문 내용.

주목할 것은 천황제에 대한 태도다. 천황제는 일본 군국주의를 지탱한 핵심적인 기제였다. 일제가 연합국과 조건부 항복을 두고 교섭하면서 지배 체제의 유지를 위해 끝까지 관철하려 했던 것도 천황제 유지였다. 메이지 유신 무렵만 해도 '천황'은 이웃집 아저씨 같은 존재였으나, 일제가 아시아 각국을 침공하여 식민지를 확대할 때마다 인기가 올라갔고, 군국주의가 강화되어 감에 따라 신격 지위로까지 격상되었다. 미국 역시 전후 대일 점령 정책을 구상할 때 천황제 폐지 여부를 핵심 사안으로 고려했다. 미국은 점령 정책을 효과적으로 수행하기 위해 최종적으로 천황제를 유지하기로 결정했고, 특히 맥아더가 적극적이었다. 그리고 1946년 새해 벽두에 히로히토는 '인간 선언'을 통해 스스로 현인신(現人神)의 자리에서 내려왔고, 이어서 일본 전국을 돌며 상징 천황으로서 자신의 위상을 재천명했다.[11]

천황의 전쟁 책임 면책

　　일본 전후 정치의 출발점에서 천황제의 존폐가 갖는 중요성을 반영하듯 점령 초기 점령군에 배달된 일본인들의 편지에서도 천황제를 둘러싸고 찬반 양론이 뜨겁게 달아오름을 확인할 수 있다. 당시 신문 여론 조사에서는 천황제 유지가 압도적 지지를 받았지만 편지들을 보면 천황제에 대한 비판이 더 많이 제기된 시기도 있고, 비판과 지지 여론이 비슷했던 때도 많았다. 비판의 주된 논거는 천

미국 국립문서관에 보존돼 있는 일본인의 편지들.
2차 세계대전이 끝난 뒤 일본에 진주한 맥아더 연합군 사령관에게
일본인들은 평균 매일 약 1000통의 편지를 보냈다.
각계각층에서 보낸 이 편지들의 주요 내용은 미군 사령부의
점령 정책과 맥아더 사령관의 노고에 대한 감사였다.

황제가 군국주의의 수단이자 온상이라는 것이었다. 노골적으로 천황제를 지지하는 여론도 적지 않았지만 천황제를 철폐하기보다는 히로히토가 퇴위하는 선에서 그치거나 천황을 비정치화해 존속시키는 것이 좋겠다는 의견 또한 많았다. 그런데 위의 편지는 천황제 존폐 논란에서 전쟁 책임 문제, 점령 통치를 위한 현실적 필요성, 전후 일본에서 '천황'이 갖는 사회·문화적 상징성 따위의 논거를 비웃기라도 하듯 쌀만 가져다준다면 천황은 없어도 상관없고, 그 점과 관련해서는 점령군도 자유로울 수 없다고 한 방에 정리해 버린다. 황실에 대한 사소한 비판도 허용하지 않는 '국화의 터부'가 지배적인 오늘날 일본 사회의 분위기에서는 허용될 리 없는, 참으로 놀라운 발언이다.[12]

천황제 문제는 당시 일본의 전쟁 책임을 둘러싼 논의에서 핵심적인 사안이었다. 다음 편지를 보자.

천황은 모든 전쟁 범죄에 책임이 없다고 한다. 왜 그런가? 그는 자신의 신하들이 그의 명령은 지상 명령이라는 굳은 신념으로 본인들의 의무를 수행하고, 또 국가의 승리를 위해 모든 노력을 다하다 전범이 되어 차례차례 사형당하는 것에 대해 어떻게 생각하고 느낄까? A급 전범은 고려하지 않는다 하더라도 민족의 아버지로서 그는 해외에서 비참한 고통을 겪고 있는 많은 C급 전범들을 구하기 위해 무언가 해야 하지 않는가? 그가 그런 동정적인 태도를 취할 때만 일본국 헌법이 유지되지 않겠는가? 그렇게 천황을 생각할 때마다 나는 후회의 눈물을 흘릴 수밖에 없다.

　　필리핀 마닐라 포로수용소에 수감된 한 일본 군인이 고향 지바(千葉)에 살던 아내에게 보낸 1947년 10월의 편지는, B, C급 전범은 천황의 지상 명령을 수행한 것에 불과하다며 그들을 위해 아무 행동도 하지 않는 천황을 비난하고 있는데, 사실은 천황의 전쟁 책임 면책이 일본 국민, 일본 사회 전체의 면책을 주장할 수 있는 심리적 토양을 일본에 제공했음을 잘 보여 준다. 천황이 면책되자 전쟁 책임 문제를 군국주의에 대한 비판적 시각으로 다루지 않게 되었고, 일본 국민 사이에서 전쟁으로 이익을 본 자들에 대한 지탄과 자기비판 결여 현상이 나타났으며, 평화를 유린한 범죄와 침략 행위에 의한 가해 인식이 희박해져 버렸다.

　　즉, 일본인의 전쟁 책임에 대한 인식이 지배자는 가해자, 국민은 피해자라는 단순한 도식에 의해 지배되었고, 일본 국민 사이에서 '피해자론'의 확산은 일본의 타민족 침략과 식민지화의 책임에 대한 자각을 봉쇄해 버렸다. 오우치 하나코가 자기를 지칭할 때 썼던 '전재녀'라는 말은 전후 일본 사회에서 전쟁으로 피해를 입은 여성 일반을 가리키는 보통 명사로 쓰였으나 전후 일본이 져야 할 전쟁 책임 문제라는 맥락에서 보면 자신은 가해자가 아니라 피해자일 뿐이라는 점을 강조한다. 그리고 그것은 아래 편지와 같이 일본의 식민지 지배에 대한 반성의 결여와 책임 회피로 이어진다.

1945년 8월 15일 정오 히로히토 일왕이
연합군에게 무조건 항복을 선언하는
'옥음 방송'을 듣고 있는 일본인들의 모습.
사진 출처는 아메미야 쇼이치, 유지아 옮김,
『점령과 개혁』(어문학사, 2012)

만약 동양인 중 일본인에 대해 특권적인 태도를 취하는 사람이 있다면 그러한 태도는 장래 또 싸움의 원인이 되리라는 점을 고려해야 할 것이다. 왜냐하면 일본인은 역사상 도쿠가와 시대 이전에는 세계의 강대국, 문명계에 돌입하지 않았지만 그 이후 일본은 문명국, 공업국으로 창조의 세계에 들어갔기 때문에 그 인종에 대해서 그러한 감정을 가진다면 반드시 일본인의 감정 폭발을 초래할 것이다. …… 국가 관념이 없는 인종은 열등 민족이다. …… 재일 동양인은 이겼다는 관념을 버리고 없애야 한다. …… 재일 동양인은 동양의 평화를 위하여 승리했다는 관념을 없애야 한다. …… 일본인은 동양인에게 실력, 국력으로 절대 패하지 않았다.

1946년 6월에 쓴 「세계 평화에 대한 조선인 중국인 재일자의 책임」이라는 제목의 투서에서 발신자가 사용한 "전승국민화한 동양인"이라는 표현은 민족적 우월감에 상처를 입은 데서 비롯된 증오의 감정까지 드러내며 일본인을 동양인과 구분하고 있다. 종전으로 일본인은 패전 국민이 되었고, 반면 식민 통치의 대상이었던 조선인과 중국인은 해방된 민중으로서 마치 승리자처럼 일본인들 앞에 서게 되었다. 발신인은 그러한 상황이 못내 거북했던 모양이다. 그리고 그러한 거북한 감정을 불식하려는 듯이 일제가 식민 통치 내내 강조했던 인종적 편견을 다시 꺼내 든다.

일본은 메이지 유신 이래 근대화의 목표를 탈아입구(脫亞入歐)에 두고, 자신을 야만적 '동양'과 구분하여 문명화된 '서양'의 일원으로 자처했다. 그러나 이 편지에는 과거 일본인들이 전쟁을 일으킴으로써 타민족을 가해하거나, 또는 가해에 가담했던 것에 대한 인식이 결여되어 있다. 그들 사이에 식민지 지배에 대한 책임의 자각이나 진지한 반성이 없었고, 민족적 우월 의식 또한 잔존했음을 이 편지는 보여 준다. 그렇다면 그 사회에서 재일 조선인들은 또 어떤 점령을 겪었을까?[13]

일본인의 '인양', 조선인의 귀환

조선에서 일본으로 돌아간 전직 농업기술원이 1946년 5월 맥아더 장군에게 탄원서를 보냈다.

우리 일가는 조선으로부터 귀환했으나, 집도 없고, 토지도 없고, 재산도 없어 완전히 거지가 된 데다 암거래에 의한 물가고 때문에 고생스럽게 그날그날을 살아가야 할 형편입니다. …… 아사지경에 있으니 각하께옵서 농사를 영농할 수 있는 개간지를 주시든지, 아니면 외국에 있는 재외 자산을 담보로 해서 구호금을 융자하여 주시기 바랍니다.

전직이 농업기술원인 이 일본인은 당장의 생활고로 연명하기

1945년 10월 12일 부산항에서 일본으로 돌아가는 배를 기다리는
한 일본군이 소지한 현금을 미군이 점검하고 있다. 일본으로 송환되는
일본인이 소지할 수 있는 돈은 민간인은 1000엔, 군 장교는 500엔,
사병은 250엔이 상한선이었다.

가 힘든 상황이다. 하지만 조선에 있는 동안 얼마간 재산을 모았는지 그것을 담보로 구호금을 융자받고 싶어 한다. 일본으로 돌아간 '인양자'들이나 조선으로 돌아온 귀환자들을 기다린 것은 하루하루가 고단한 생활난과 굶주림이었지만, 그 배경과 원인은 달랐고, 따라서 그들의 대응 방식도 다를 수밖에 없었다.

　　미군이 남한을 점령한 뒤 가장 먼저 한 일은 일본군에게서 항복을 접수하고 이어 병사들을 무장 해제 시킨 뒤 일본으로 돌려보낸 것이었다. 일본인 민간인들의 경우 이미 미군 진주 이전부터 부산을 통해 하루 4000~6000명이 귀국했고, 점령군 당국이 일본인 송환을 책임지게 되는 9월 말까지 약 16만 명 이상이 귀국했다. 패전에 따라 해외의 군인·군속과 일반인을 일본으로 송환한 것을 일본어로 '히키아게(引揚)'라고 하는데, 1945년 말까지 남한에서 일본으로 돌아간 민간인 인양자는 약 47만여 명이다. 1945년 9월 조선에 거주한 일본인은 약 66만 명이었던 것으로 추산한다. 43만 5000명이 미군 점령 지역, 나머지 22만 5000명이 소련군 점령 지역에 거주했다. 이것은 약 17만 9000명에 이르는 군인들을 제외한 숫자다. 조선총독부는 일본인 세화회(世話會)와 함께 꽤 신속하게 민간인 송환을 조직했고, 업무가 미군으로 이관된 뒤에는 미군이 세화회와 협력하여 체계적으로 송환을 실시했다. 세화회는 재조(在朝) 일본인들이 송환 업무를 지원하기 위해 만든 일종의 구호 단체였으나 사실상 관민 합동으로 운영되었다. 1945년 말까지 남한 거주 일본인들은 대부분 송환되었다.[14]

한 미군 장교는 부산항 1번 부두 출입문으로 끊임없이 쏟아져 들어오는 일본인들을 바라보면서 "조용하고 피동적이며, 항상 명령에 복종하고 굴종적인 일본인들이 공터에 걸터앉거나 엉성한 창고 건물에 들어가 생선, 밥, 콩, 그리고 보잘것없는 음식을 말없이 먹으면서 송환 절차를 기다리다 일본으로 후송되었다."라고 상황을 묘사했다.[15] 굴종적인 태도로 송환 절차를 묵묵히 따르던 그들은 얼마 전까지만 해도 지배자의 위치에서 조선인들 위에 군림하여 권력을 행사하고 부를 누렸다. 그들은 갑자기 찾아온 상황 변화에 당황했지만 모든 수단을 다해 식민지에서 모은 재산을 가지고 돌아가려 했다.

일본인 여성들은 일본으로 갈 때 소지품 검사에서 헌병에게 압수당하지 않기 위해 돈을 속옷이나 수통 속에 감춥니다.

부산에는 밀항선 회사가 많이 있습니다. 요금은 게시판에 붙여 놓았는데 통상 1인당 150엔입니다. 밀항선을 타면 미군 헌병과 조선인 여성의 검사를 피할 수 있습니다. 일본인 세화회가 어느 선박 회사가 비밀리에 출항할지를 알려 줄 것입니다. 세화회는 부산역 앞에 있습니다. 밀항선은 이달 16일과 17일, 그리고 18일에 각각 출발합니다.

추신: 지혜가 있으면 많은 돈을 가지고 갈 수 있습니다.

일본인들은 미군의 현금 소지 제한을 피하기 위해 밀항선을 많이 이용했다.
밀항선 이용 요금은 한 사람당 150엔이었다. 이러한 밀항선이 운영되는 사실을
미군은 일본인 편지 검열을 통해 파악했다. 주한미군사령부 정보참모부가
1945년 11월 3일에 작성한 「정보 일지」(G-2 Periodic Report) 54호.

(1) Mail.

(a) According to a letter intercepted during the period, the NIPPON JIN SEWAKAI, a Japanese Relief Society previously mentioned in connection with an underground organization of which NISHIHIRO, Tadeo is one of the leaders, has been identified as being connected with black market shipping. The letter, written by TAKEMOTO, Hiroo, c/o NANISHI, No. 5, 3d BERTEN-CHO, PUSAN on 15 October to TANDA, Hikoichi, c/o TAKANO, Asayuza, 5th HON-MACHI, SEOUL, stated, "There are many secret ship companies in PUSAN. The prices are posted on bulletin boards and are usually about 150 yen per person. In going by secret ship you also avoid inspection by the military police and Korean women. The 'Nippon Sewakai Relief Society' will tell you what companies to go to for secret passage. The relief society is located in front of the PUSAN railroad station. Three ships are sailing, one on the 16th, one on the 17th and one on the 18th. P.S. - If you are smart you can carry a large sum of money with you."

(b) The following letter written in Japanese by a resident of Japan on 7 Sep to a relative in SEOUL is quoted as a matter of interest: "In the future Korean independence will be hindered by the Americans and Russians and it is evident that the Korean people will suffer. Then the Koreans will realize the blessings of the Japanese Empire."

(2) Telecommunications - A telegram that very probably pertains to secret shipping was intercepted during the period. The message, dated 1 Nov and being sent from PUSAN to KIM, Yo Ho, KANRIN Post Office, SAISHU Island, Korea, stated, "Have bought two ships, the KASUGA MARU and the HOEI MARU. The two ships will reach KANRIN on the 3d of November. Have as many passengers as possible ready to load." KANRIN is the Japanese name for HALLA-SAN, not shown on map, but located in the vicinity of CHEJU (950-1150), SAISHU Island.

4. Civil Relations.

a. Disturbances.

(1) Civil disturbances reported during the period are shown on Incl #1.

(2) It has now become evident that the disturbances which occur in Korea S of the 38th parallel are instigated by the various political parties seeking to gain power, or by Korean laborers making demands for bonuses upon their employers. The two political parties that have been reported as causing the major portion of disturbances are the Communist-inspired People's Republic of Korea, also referred to as The People's Committee, and the Young Men's Association. The former party has, in several instances, taken over the local government of small towns, and has not hesitated to use violence in doing so. This party has defied the US Military Government in some towns and have been removed from office only by force. Thus far, the activities of the Young Men's Association, which has branches in many of the towns throughout S Korea, have been directed against the Japanese people. The desires of this party appear to be similar to those of many other Koreans, namely, that the Japanese should be stripped of their valuables before leaving for Japan, and that no Japanese should be retained in office. To this end, they, too, have resorted to violence in several instances. The number of these incidents is on the decline. As the Japanese factory heads are removed and competent Koreans put in their place, it can be expected that disturbances arising from this source will decrease further.

- 2 -

위의 두 편지는 각각 부산에 사는 일본인이 서울에 사는 다른 일본인에게 보낸 것으로 미군의 서신 검열에 걸렸다. 어느 편지나 어떻게 하면 많은 현금을 소지하고 귀국할 수 있는지 그 수단과 방법을 알려 준다. 모두 10월 중순에 발송되었는데 그 시점에는 송환 업무가 전부 미군으로 이관된 뒤인데도 선박 회사들은 요금을 게시해 밀항자를 모집했고, 일본인 세화회가 밀항을 주선해 주었다. 밀항이 꽤 공공연하게 이루어졌음을 알 수 있다. 일본인들은 가옥과 토지, 의류 등 팔 수 있는 것은 모두 팔아 현금화하려 했고, 현금과 귀중품을 안전하게 일본으로 가지고 갈 방법을 찾았다. 밀항은 미군의 검문 검색을 피해 많은 돈을 지니고 귀국할 수 있는 '지혜로운' 방법이었다. 조선총독부 관리로 세화회 일에도 관여했던 모리타 요시오(森田芳夫)는 종전 이후 일본이 무조건 항복했다는 것을 알게 되자 황급히 가재를 팔아 귀환 준비를 하는 일본인들의 추태를 '힘의 지배에 의지하여 조선을 상대했던 현실의 생활을 그대로 말해 주는 것이고, 중일 전쟁도 대동아 전쟁도 힘으로만 해결하려 했던 것이 패전의 주원인'이라고 탄식조로 술회했다.

　　일본을 점령한 미군에게도 일본에 거주하는 조선인, 대만인, 중국인 등 과거 식민지 출신자들과 외국인의 송환은 시급히 해결해야 할 임무 중 하나였다. 종전 전후 일본에 거주한 조선인 수를 대체로 200만 명 안팎으로 추산한다. 일본 정부의 1940년 국세 조사에서 일본 거주 조선인은 124만여 명으로 나타나는데, 이는 노무 동원이 시작되기 직전인 1938년보다 약 45만 명 증가한 것이다. 전쟁이 확대되고 징용으로 노무 동원이 본격화하면서 종전 직전 7, 8년 사이에 그 수가 두 배 이상 급증했다. 그들의 직업으로는 탄광·광산 노동자, 공장 노동자, 토건 노동자, 일용직 인부 등이 가장 많았다. 점령 당국과 일본 정부에 의해 조선인 공식 송환이 시작된 것이 1946년 4월이지만, 일본 정부는 그 이전인 3월 말까지 귀환한 조선인을 130만 명으로 추산했고, 조련(재일본조선인연맹)은 99만 3000여 명으로 집계했다. 주한 미군은 1946년 1월 말까지 약 90만 명이 귀환한 것으로 집계했다. 이미 공식 귀환 이전에 많은 조선인 징용자들이 자발적으로 귀환했다. 주일 미군 민간통신첩보대가 검열한 나카가와 기선 회사의 1946년 11월 16일자 편지는 그들이 당면한 사정을 잘 드러낸다.

전쟁 중 사망한 조선인 선원들을 위한 배상금 지불에 관해 우리와 조련 오미야 지부 사이에 계속되어 온 협상이 중단되었다. 우리는 그들의 요구에 응할 수 없었다. 지부는 최후 수단으로 생존 가족들의 서류가 준비되면 자신들을 위해 본부가 소송에 나서 줄 것을 위임했다. 그들은 이 사안을 연합군사령부 공보부에 제출했다고 한다. 만약 그것이 실패로 끝난다면 우리는 엄격히 지시받은 대로 다시 협상을 시작할 것이다. 협상의 타결은 매우 중요한 선례가 될 것이다. 우리의 지주 회사인 오사카 상선 회사도 이 문제에 대해 같은 의견이다.

조선인의 일본 밀항 증가 이유

조련은 종전 직후인 1945년 10월 일본 거주 조선인들이 자발적으로 조직했다. 이 단체는 재일 조선인들의 민족 권리 옹호를 내걸고 창설했으며, 일본인 세화회와 비슷하게 초기에는 조선인들의 귀환을 돕거나 잔류한 사람들의 생활권을 옹호하는 활동 등을 했다.[16] 오미야 지부는 아마 전쟁 중 사망한 조선인 선원 가족을 대신해 나카가와 기선 도쿄사무소와 배상금 협상을 했던 모양이고, 도쿄사무소는 이것이 선례가 될 것을 두려워해 협상에서 완강한 태도를 유지하겠다는 취지를 본사와 지주 회사 쪽에 거듭 확인해 주었다. 그들이 치른 노동과 희생에 대한 보상과 배상 요구는 정당했고, 고국으로 돌아가든 일본에 남든 선원들과 그들이 가족과 생계를 이어 나가기 위해 배상은 꼭 필요했지만 그것을 실현하는 일은 결코 쉽지 않았다.

1945년 12월 점령군 당국은 홋카이도와 규슈에서 석탄을 채굴하던 조선인 탄부들이 그곳에 남아 계속 일할 수 있는 방안을 모색했다. 두 곳에 각각 6만 명씩 12만 명의 조선인 탄부가 있었는데 그들이 작업을 중단하자 일본의 석탄 생산량이 6분의 1로 급감했다. 그곳에서 생산된 석탄은 남한 점령군에게도 필요했다. 조선인 탄부들은 조속히 고국으로 돌아가길 희망했고, 특히 그동안의 노예 노동에 대한 정당한 대가를 요구했지만, 일본인들이 그들의 자리를 대신하기 전까지 점령군 당국은 점령 통치에 필요한 자원의 확보를

CONFIDENTIAL

CIVIL CENSORSHIP DETACHMENT
CIS — MIS — GHQ — SCAP
APO 500

FROM: NAKAGAWA KISEN K.K. LIST: (The Nakagawa Steamship Co., Ltd.), Tokyo Office, 2, Kyobashi 1-chome, Kyobashi-ku, Tokyo-to, (Japan)	TO: NAKAGAWA Steamship Co., Ltd., Minato-machi, Funakawa, Akita-ken, (Japan) LIST:

DISTRIBUTION:		
GB/NHA ESS/FI ESS/AC GE LS CPC 8th A MG	STA LOCAL: MG Tok	
	Date of Commun: 11 Nov 46	Dispos of Commun: Passed	Eval-Alloc: 203-12-2
	Type of Commun: Letter	Language: Japanese	Prev. Records: JP/TOK/32180
	Prep. date: 26 Nov 46	Comment by: B-4 J-1426	

COMMENT

FINANCE: RESTRICTED CONCERN ATTEMPTS TO NEGOTIATE SATIS-
FACTORY DEATH INDEMNITIES FOR KOREAN EMPLOYEE
WAR CASUALTIES

Writer states:

"Our repeated negotiations with Omiya branch of the
Korean League with regard to payments of death indemnities
for Korean members of our crews killed in action during
the War have ceased. We could not meet their demands.
The branch, as a last resort, has appealed to its Head-
quaters, with which our negotiations will be resumed when
powers of attorney and other necessary
documents from the surviving families.

"They said that they would submit this matter to the
public Relation Office of GHQ if it should end in failure
again; but we are determined to continue negotiations
strictly in accordance with our regulations. The settle-
ment will become a very important precedent. Our holding
Co., O.S.K. (Ex: Osaka Shosen K.K.(The Osaka Commercial
Steamship Co), has the same opinion regarding this matter."

Examiner's Note: **NAKAGAWA KISEN K.K. (The Nakagawa Steam-
ship Co., Ltd.) is a subsidiary of **OSAKA SHOSEN K.K.

#690   - 1 - (Continued)

CONFIDENTIAL

일본에서 귀환하는 조선인들은 노동의 대가나
강제 징용에 대한 보상 또는 배상을 대부분 받지 못했다.
이 문서는 나카가와 기선 회사가 귀환 조선인들의
임금 지불 요구에 강경 대응하겠다는 내용으로,
재일 미군 민간통신첩보대가 편지 검열을 토대로 작성했다.

위해 그들이 절실하게 필요했다.

역설적이게도 일본 정부가 집계한 일본으로의 조선인 밀입국자 수치를 보면 공식적으로 귀환이 시작된 1946년 4월 이후 오히려 가파르게 증가했다. 1946년 4월만 해도 조선인 밀입국자 수가 600명 미만이었는데 5월 이후 급증해 7월에는 추산치 9580명을 기록했다. 월별 통계를 보면 대부분 5월에서 8월 사이에 일어났는데 밀항이 여름에 가장 많이 이루어졌고, 또 그해 여름 남한에서 콜레라가 발생했던 사정을 고려해야겠지만 이른 시점부터 일본으로 돌아가는 조선인이 많았다는 점에 주목할 필요가 있다. 조선을 떠난 지 이미 오래되어 고국에 생활 기반이 없는 데다 사회·경제적 혼란이 일본 못지않았던 조선에서 생활의 근거를 마련하지 못한 귀환자 상당수가 조선으로 돌아온 지 몇 달도 되지 않아 다시 일본으로 돌아간 것이다. 1946년 봄·여름은 식량 사정이 가장 악화되었던 시기이기도 했다. 일본 정부 통계에 따르면 1946년에 가장 많은 수의 조선인이 밀입국했고 1947년에 대폭 감소했다가 1948년에는 다시 조금 증가했다. 1946년, 1947년의 밀항은 경제적 동기와 배경에 의한 것이 많았고, 1948년 이후에는 여기에 정치적 동기가 가세했다. 특히 1948년 제주도에서 발생한 4·3 사건은 많은 피난민을 낳았고, 피난민이나 항쟁 참가자들 가운데 많은 사람들이 목숨을 부지하기 위해 일본으로 밀항했다. 제주도는 식민지 시기에 일본으로 이주한 사람이 많았던 지역 중 하나였다. 어쨌거나 점령군 당국은 조선인들의 밀항을 '점령군에 유해한 행동'으로 파악하고 엄중히 통제했다.[17]

'적산' 대 '정당한 대가'

일본인 인양자와 조선인 귀환자들이 송환 과정에서 마주한 것은 점령군 당국에 의한 인원·물자의 이동과 통제였다. 점령군은 그 임무를 점령의 '필요와 편의'에서 바라보았지만 그 흐름 뒤에는 나름의 전사(前史)와 역사적 배경이 있다. 일본인 인양자들이 현금화하기 위해 팔아 치운 재산은 대부분 이른바 적산 또는 귀속 재산으로 분류되는 것이었고 일제의 오랜 식민지 지배와 착취의 결과물이었다. 반면 일제의 강제 노무 동원으로 탄광과 공장으로, 남태평양으로 끌려가 노예 노동에 시달렸던 조선인 귀환자들은 일본 정부, 기업들로부터 그들의 노동과 희생에 대한 정당한 대가를 받아야 했다. 그것은 모두 새 나라, 새 사회 건설의 자원으로 활용되거나 억압과 착취에 대한 배상으로 개인들이 돌려받아야 할 몫이었고, 조선인들의 삶을 복원하기 위해 꼭 필요한 자원이었다.

그것들이 제대로 처리되지 않았을 때 귀환자들과 인양자들은 암시장, 밀항선과 밀수선이라는 또 다른 생활 전선에 서 있는 자신들을 곤혹스러운 시선으로 바라보아야 했고, 또 미래 세대는 이후 그것들을 역사적 과제 또는 과거사 청산이라는 이름으로 마주해야 했다. 그리고 점령의 '필요와 편의'가 점차 짙어지는 전후 질서의 그림자 속에서 새로운 정치색을 띠기 시작하자 미군 점령하 일본 사회와 한국 사회의 구성원들은 그것에 동승하거나, 적응하거나, 또는 다른 대안을 찾아 나서기 시작했다.

중국 베이징에서 배편으로 인천항에 들어온 귀환 동포들이
1946년 6월 5일 임시수용소에서 점심을 먹고 있다.

암시장과 재일 조선인

오사카시 히가시구에 주소를 둔 한 관리가 미군이 일본에 진주한 뒤 두 달밖에 되지 않은 시점에서 '현재의 문제점과 해결책'을 내용으로 하는 편지를 맥아더 사령부에 보냈다. 그는 그 편지에서 현재의 식량 부족 원인이 조선인에게 있다고 주장한다. "조선인은 일본인의 4배를 먹고, 이들이 암시장의 반 이상을 차지하는 것도 그 때문"이라는 것이다. 그는 "조선인 200만 명이 일본인 800만 명이 먹을 수 있는 식량을 먹어 치우므로" 조선인들을 조속히 귀환시켜야 한다고 주장한다. 또 "식량 부족인"이라는 가명으로 쓴 1947년 2월의 한 편지는 "100만 명의 조선인을 돌려보내면 식량 부족을 완화할 수 있을 것이고, 범죄도 줄어들 것"이라고 주장한다.

조선인과 일본인의 신체적·생리적 차이를 패전 직후 일본의 식량 부족과 조선인들의 암시장 관여 원인으로 꼽은 것은 지금 보면 쓴웃음을 짓게 만들지만, 그는 그렇게 밥통이 큰 조선인들을 왜 대규모로 강제 동원해 일본의 광산과 공장에서 배를 곯게 했는지 그 이유는 설명하지 않았다. 일본의 국익에 충실한 한 관리가 식민지인에 대한 공포와 우려 때문에 점령 당국을 상대로 조선인에 대한 흑색선전을 펼친 에피소드의 하나로 웃어넘길 수도 있지만, 위의 편지들은 적지 않은 일본인이 일본 패전 직후의 경제적 곤란과 사회적 혼란의 책임을 과거 식민지인들에게 전가하려 했음을 보여준다.[18]

태평양 전쟁이 끝난 직후 일본 사회는 극심한 혼란을 겪었고,
암시장이 성행했다. 암거래 상인들이 서로 생선을 사려고 고기잡이에서
돌아온 배에 달려들고 있다. 이러한 암거래 때문에 도쿄 시민들은
당시 정상적인 경로로는 한동안 생선을 살 수 없을 정도였다.

두 편지는 조선인을 식량 부족의 원인으로 지목하고, 조선인들의 조속한 귀환을 식량 위기의 해결책으로 제시했다. 그러나 조선인들의 공식 귀환이 이루어지기 시작한 1946년 4월 이전에 이미 많은 조선인이 귀환했지만 식량 위기는 1946년 5, 6월에 절정에 이르렀다. 패전 직후 이른 시점부터 이러한 인식이 표출될 수 있었던 사회 심리적 토대나 배경이 궁금하지만, 두 편지는 일본 사회가 전쟁의 원인이나 식민 지배에 대한 책임 문제와 관련해 진지한 성찰의 기회를 제대로 마련할 수 없었음을 보여 준다. 오히려 일본 사회는 패전 직후의 경제적 어려움과 사회적 혼란에 즉자적이고 감정적으로 반응했으며, 재일 조선인이 패전 직후부터 그러한 경제적 곤란과 사회적 혼란의 원인으로 지목되는 분위기였다.

　　위의 편지들은 식량 위기의 해결이라는 경제적 이유에서 조선인의 조속한 귀환을 촉구했지만 동시에 조선인을 암거래, 범죄 등 각종 사회 문제의 원인 제공자로 지목했다. 다음의 편지는 발신자가 조선인을 각종 사회 문제의 주범으로 인식했을 뿐만 아니라 그것을 인종적 편견과 연결해서 이해했음을 보여 준다.

　　　조선인은 중국인, 일본인보다 열등한 인종이고, 조선인이 일본의 경제를 착란시키고, 일본의 치안을 어지럽히며, 절도, 소매치기 등이 조선인의 집단적인 직업이고, 식료, 기타 중요 물자를 매점하므로 모든 조선인 가정을 수색하여 숨긴 물자를 압수하고, 이들을 조선으로 추방하기 바랍니다.(마에다 젠지로, 1947년 8월 7일)

조선인은 열등한 민족이라고 주장하는
마에다 젠지로의 편지 일부.

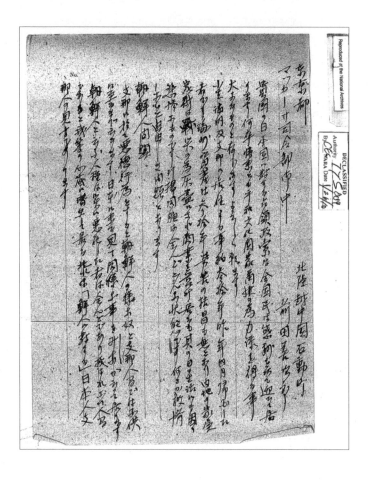

일본 패망 이후 일본과 한반도 모두 커다란 경제적 곤란과 사회적 혼란에 빠졌고, 주민들은 너나없이 큰 어려움을 겪었다. 그 모든 사회·경제적 혼란과 민중이 겪은 생활고의 구조적 배경은 전전(戰前) 일본 제국주의의 침략과 착취에 있지만, 전전에는 조선인이 그러한 침략과 착취의 희생자가 되었고 전후에는 재일 조선인이 일본의 사회·경제적 위기와 혼란을 초래한 '사회 문제'의 원인으로 지목되었다. 일본인 편지들은 이 문제와 관련해 암시장에서 조선인의 발호를 비난했다.

패전 직후 일본의 세태를 '여자는 팡팡, 남자는 장돌뱅이'로 묘사하곤 한다. 팡팡은 성매매 여성 또는 '양공주'를 일컫는 당시 속어다. 일본어 '가쓰기야'(担ぎ屋)는 장돌뱅이, 밀매인, 야바위꾼 등을 일컫는다. 이들 용어에 나타나듯이 암시장은 패전 직후 일본 사회의 경제적 존재 방식을 규정했고, 일본인들의 일상이 영위되는 주요한 공간이었다.[19] 점령 직후만 하더라도 편지에 나타난 암시장의 횡포에 대한 비판과 비난의 초점은 대부분 군국주의자들과 전범들, 암시장을 움직이는 자들이 한통속이고, 경찰이 암시장을 관리하고 있다는 사실에 맞춰졌다. 아래 편지들이 그 점을 구체적으로 증언한다.

관리 5할 감원에 관한 건. 지방 행정 기관 및 작업 관청, 각 대공장, 은행, 상선 회사 등의 중간 관리와 이에 준하는 회사원 및 은행원들이 전쟁 중 군과 결탁하여 하급자 또는 노동자를 억압하고, 또는 경찰, 부청, 현청 등과 연락하여 행한 악랄함은 말로 표현할 수 없습니다. 게다가 종전 이후에는 위와 같은 행동이 더욱 심해졌습니다. 그리고 또 정회장(町會長), 정 경제부장 등이 이에 관련되어 미군이 진주하기 전에 물품을 은닉했습니다. 예컨대 담배를 취급하는 전매국 관리는 국민에게 배급해야 할 담배를 자신의 주식물과 교환하여 사유화하고, 군용미, 설탕, 유류 등을 모아서 몇십만 엔 축재를 자행한 사람들은 아사 지경에 있는 국민을 오히려 불가사의하게 보고 있으니 이는 언어도단이 아닐 수 없습니다. 이와 같은 특권 계급에 있는 사람들은 일본의 민주주의와 맥아더 원수의 선량한 시정에 반합니다.(와타나베 마사요시, 1945년 12월 4일)

도나리구미[隣組]는 지나 사변(중일 전쟁) 중의 산물이지만 대동아 전쟁에 이르러 가장 활발히 활동했다. …… 상의하달(上意下達), 하정상통(下情上通)의 기관이라는 선전은 구실일 뿐 순수한 전쟁 동원 기구 역할을 했다. 식량 배급의 하부 기구로서 지금도 활동하고 있다. …… 정회 임원, 배급소 관계자가 군부를 배경으로 위세를 부렸고, 그들은 지금도 의연 그 지위에 있다.(하루다 데쓰오의 편지, 1946년 1월 7일)

점령 초기에 일본인들이 점령 당국에 보낸 편지들 중 구지배층의 모리(謀利) 행위를 고발하는 편지는 흔하게 발견된다. 편지는 암거래 물품이 군수 창고로부터 나온다는 사실도 지적한다. 군인·군속, 관리 등 군국주의자, 전범으로 분류되는 자들이 물품 공급자로 지목되었고, 경찰은 그 관리자로서 암거래를 조장했으며, 그것을 단속하기는커녕 암시장 상인과 암거래 당사자들에게서 뇌물을 받고 있다는 것이다. 이 편지들은 물가 폭등과 암거래의 원인으로 구지배층, 또는 구제도로부터 혜택을 받던 '전쟁 수익자'들을 지목하고 그들을 비난했다. 그런데 어느 순간부터 암시장에서 경제를 혼란시키는 주범으로 조선인, 중국인, 대만인 등 '제3국인'에게 비난의 화살이 쏟아지기 시작했고, 비난의 초점이 바뀌었다.[20]

태평양 전쟁 종전 이전 일제에 의해 징용되어 도쿄로 끌려온 한 조선인 청년이 그러한 일본 사회의 기류 변화를 1946년 5월 맥아더에게 쓴 편지에서 담담히 풀어놓았다.

저는 조선의 남쪽 끝자락에 있는 자그맣고 평화로운 마을에서 자란 조선인 청년입니다. 지금으로부터 2년 전, 28명의 다른 이들과 함께 징용되어 무리의 우두머리로 도쿄에 왔습니다. 징용자 대부분은 무지렁이지만 순진했고, 어부로 평온하게 살았습니다.
우리는 강제로 도쿄의 한 철공소로 보내졌고 그곳에서 소처럼 중노동을 했습니다. 우리는 너무나 열악한 대우를 받았습니다. 그들은 심지어 신발도 주지 않았습니다. 공습 때 불타 버려 반이 그을린 쌀과 상한 무짠지 두어 쪽이 우리의 주식이었습니다. …… 회사의 관리들이 시청이 우리에게 배급해 준 쌀까지 빼앗았습니다.

이곳에 올 때 입고 있었던 의복만이 우리가 가진 모든 옷가지였습니다. ……

저는 영어를 배우고자 홀로 도쿄에 남았습니다. 지난 36년간 우리는 일본의 통치하에 있었고 심지어 생사도 우리가 결정할 수 없었습니다. 오늘날에도 그들은 우리에게 일본 법을 따르라고 강요하는 것 같습니다. 일인들은 미국 신문 기자에게 모든 암시장은 조선인이 도맡고 있으며 그들이 있는 한 일본의 민주화는 달성되지 못할 것이라고 말합니다. 이러한 비난은 근거가 없고, 순전한 거짓말입니다. 암시장의 유혹을 받는 한국인이 없다곤 말하지 않겠습니다만 우리 모두가 암시장 상인이라고 하는 것은 불공평하다고 생각하지 않으십니까?(이종민, 1946년 5월)

제주도 출신으로 추정되는 이 청년은 징용으로 끌려온 무리의 우두머리로서 다른 징용자들이 모두 돌아간 뒤에도 "영어를 배우고자" 홀로 도쿄에 남았다. 해방된 조선 사회가 식견 넓은 청년들을 필요로 했다는 점을 고려하면 고향으로 돌아가지 않고 앞날을 준비하기 위해 도쿄에 남은 이 젊은이의 열정이 그저 가상할 따름이다. 그러나 "미군이 진정한 인류 평화를 보장하는 것을 보며 무척 기뻤고, 미군의 도착을 환영했던" 이 젊은이는 이제 맥아더 장군에게 "조선인에 대한 일본 정부의 정책을 개선시켜 주실 것"을 간곡히 호소하고 있다.

미국의 대표적 일본 근현대사 연구자인 존 다우어(John Dower)

GENERAL HEADQUARTERS
SUPREME COMMANDER FOR THE ALLIED FORCES
MILITARY INTELLIGENCE SECTION, GENERAL STAFF
ALLIED TRANSLATOR AND INTERPRETER SECTION

NOTE: Translation requested by CIS, G-2, GHQ.

Received ATIS: 24 May 46

Full Translation of a Letter to CIS, G-2, GHQ
from Lee (李) Shunin (鍾文) TOKYO-
To, SHINAGAWA-Ku, NISHISHINAGAWA, 4-1222.

TO: TOKYO-To, JOJIMACHI-Ku, MARUNOUCHI. Intelligence Section, SCAP.

FROM: Lee (李) Shunin (鍾文) TOKYO-To, SHINAGAWA-Ku, NISHI-
SHINAGAWA, 4-1222.
13 May 1946.

To General MacARTHUR and to those under him, members of the American
Army of Justice, I pay my respect and honor. At this time I submit
my statement to General MacARTHUR.

I am a Korean youth who used to live in a small peaceful
community on the Southern tip of KOREA. Two years ago, I was con-
scripted with 28 others and came to TOKYO as the leader of the con-
scripted party. Most of the conscripted persons were uneducated and
simple hearted and were living the quiet life of a fisherman.

We were forced to come to a TOKYO blacksmith shop and were
worked at heavy labor like oxen. We received very poor treatment.
We weren't even given shoes. The principal food was semi-black rice
that had been burnt during the air raids and two pieces of spoiled
pickled radishes. This was all we had to eat until we went back to
our home country. Our ration of rice from the city council was taken
away by the company's principal officials. All the clothing we had
was just what we wore.

We were dismissed with the coming of American forces on 15
August 1945. We were very happy to see the American Forces come to
insure the real peace of humanity, and we welcomed their arrival.
With the help of the American forces, we were able to go back to our
home country on 7 October 1945.

일제 강점기에 강제 징용으로 도쿄에 끌려온
이종문이 맥아더 장군에게 보낸 편지.

는 항복 직후 일본 정부의 군사 자금, 군수 물자의 대량 방출, 정부 관료와 결탁한 군수업자, 군인·군속, 관리의 발호와 부정·부패 등이 암시장의 온상이었음을 지적하고, 패전 직후 경제 혼란과 위기는 이러한 일본 정부·군부의 부정 부패와, 일본 정부·점령 당국의 경제 정책의 실패 때문이라고 분석했다. 상식적으로 생각해도 암시장에서 제일 중요한 것은 물자의 공급과 시장의 관리다. 암시장에 공급된 물품은 주로 곡물, 해산물 등 식량과 식품, 이전의 군용 물자였고, 점령군으로부터 흘러나오는 물품도 일부 있었다. 시장의 관리는 대부분 경찰의 묵인과 방조하에 '야쿠자'들에 의해 이루어졌다. 암시장에는 '제3국인'도 참여했는데 그들도 먹고살아야 했기 때문이었고, 암시장은 전전부터 이어진 그들의 존재 방식과도 연결되었다. 전전 조선인 자영업자 또는 소상인 가운데 많은 이가 고물상을 운영했다. 고물상은 별다른 자본 없이 조선인이 진출할 수 있는 직업군 가운데 하나였다.[21]

암시장이 일본인들의 생활 양식의 일부로 자리 잡으면서 그 내부에 나름의 직업 윤리가 만들어졌고, 일본인들과 제3국인들 사이의 갈등도 오히려 적었음을 지적하는 연구도 있지만, '자유 시장'의 정글 같은 성격은 일본인은 하나의 민족으로서 상호 부조하는 가족 공동체라고 믿도록 교화되었던 일본인들에게 그 환상을 깨트리는 충격 요법과 같았다. 일본인, 제3국인 할 것 없이 전후 일본에 거주한 모든 사람이 암시장에 참여했고, 많은 일본인에게 암시장이 경제 그 자체였다면 조선인의 암시장 참여나 조선인의 참여 빈도가 그리 문제가 되지는 않을 것이다. 중요한 것은 자신들도 그 일부로서 암시장에 의지해 살아갈 수밖에 없었고, 또 그것이 가진 긍정성, 부정성을 모두 용인할 수밖에 없었던 일본인들에게 그 부정성을 전가하고 도덕적으로 비난하기 쉬운 대상이 조선인이었다는 점이다. 일본 사회는 조선인의 존재 자체를 식량난과 같은 경제적 어려움과 사회 문제를 일으키는 '골칫덩어리'로 인식하기 시작했다. 패전 직후 일본 사회의 재일 조선인에 대한 인식은 전후 일본인의 자기 인식과 타자 인식을 형성하는 데 구체적 계기를 제공했으나, 일본 사회는 과거사 정리와 미래 지향적 관계 설정에 필요한 성찰의 기회를 제대로 마련하지 못했다.

일본인 편지에 나타난
재일 조선인

　미군은 점령기에 일본인들이 맥아더 장군과 연합군 총사령부에 보낸 수다한 편지를 여론 조사의 재료로 활용하여 「일본인 편지에 나타난 여론 개요(Survey of Opinions Expressed in Letters by Japanese to Occupation Authorities)」라는 보고서를 정기적으로 작성했다. 미군은 기획된 여론 조사보다 그 내용을 계측하기 어렵다는 단점이 없지 않지만 편지가 일본인들의 생각을 날것 그대로 보여 준다는 점에 주목했다. 보고서를 작성한 민간정보교육국(CI&E)은 일본에서 군국주의 청산과 민주주의 육성을 목적으로 신문, 방송, 연극·영화, 잡지, 도서의 검열은 물론 여론 조사, 선전·홍보 활동에 이르기까지 일본 국민의 재교육을 위해 다양한 활동을 펼쳤다. 편지들은 최고 권력자를 향한 청원과 진정, 투서와 고발의 성격이 강했고, 그 주제는 식량난, 귀환 등 개인들의 이해관계와 관련한 것이 가장 많았지만 다른 한편으로는 점령 통치와 관련된 각종 현안에 관해 민심의 분포나 대중적 관심의 소재를 읽을 수 있는 척도 구실도 했다.[22]

1946년 초부터 여름까지는 식량난이 편지에서 가장 빈번하게 다루어진 주제의 하나였다. 그러나 그 시기에는 식량 문제 못지않게 점령군과 그 정책, 일본 정부와 일본 정치, 천황제, 전범 등도 중요하게 다루어졌다. 보고서 작성자는 "대부분의 편지들이 일본 사회에 대한 불만과 일본 사회에 필요한 개혁을 구체화했고, 이것은 그 시점에서 개혁이 모든 일본인에게 갖는 압도적 중요성 때문이거나 또는 개혁에 대해 개인들이 실망했음을 반영하는 것"이라고 적었다. 그런데 1946년 여름이 지나면서 편지 주제 가운데 '귀환'이 차지하는 비중이 급증했고, 그 후 계속 다른 주제들을 압도했다. 편지 수도 폭증했다. 미군은 전범 처벌이나 개혁 주장이 줄고 송환 청원이 급증하는 것을 지켜보며 편지가 '신문 편집자에게 보내는 서한'에서 '국회의원에게 보내는 서한'으로 바뀌었다고 지적했다. 귀환 청원이 대부분 소련 점령 지역인 만주, 북한에 있는 일본인에 관한 것이거나 중국, 동남아시아 각지에 있는 일본군 포로, 특히 B, C급 전범 처리

2차 세계대전 직후 일본에 남은 재일 조선인들은 일본 사회의 차별과
억압에 시달렸다. 대한민국 정부 수립을 맞아 1948년 8월 16일
도쿄 황궁 앞 광장 및 히비야 공원에서 우익 및 좌익 재일 조선인들이
동시에 시위를 열어 차별 철폐 등을 요구했다.

와 관련한 것이었다는 점을 감안하면 관련 단체가 발신자들을 조직하고 동원하여 편지가 폭등했을 가능성이 많다고 미군은 추정했다.[23]

일본인들의 편지에 나타난 '전후'는 어찌 보면 모순에 차 있고 이율배반적이라는 느낌마저 든다. 패배를 껴안고 점령을 수용했을 뿐만 아니라 어제의 적국이었던 미국을 예찬하고 정서적 일체감까지 표명한다. 또 일본의 지배층, 특히 군인, 관리, 경찰에 대해서는 비판적이지만 최고 전쟁 책임자라고 할 수 있는 일왕에게는 신뢰를 보낸다. 전범 고발과 사회 전반에 대한 개혁 요구가 빗발치는가 하면 전범 재판에서 전범들에 대한 심리가 본격화하고, 또 해외 거주 일본인들의 송환 청원이 쇄도하기 시작하면서 지배자는 가해자, 국민은 피해자라는 단순한 도식이 확산되고 온 사회가 슬그머니 전쟁 책임을 부정해 버린다. 그리고 미군의 점령 통치가 장기화함에 따라 일본인들의 의식 또한 미·소 간 냉전의 도래라는 전후 질서의 새로운 국면 변화에 발 빠르게 대응해 간다.

가나자와(金澤)시에 거주하는 한 일본인이 1947년 1월 맥아더 장군에게 9개 항목 13쪽 분량의 논리 정연한 편지를 보냈다. 그는 미농지에 등사된 편지를 1947년 3월 맥아더 사령부와 각 정당 의원, 주일 소련·영국·중국 대사, 신문사에 다시 전달했다. 그는 전후 질서 수립 방향을 미국이 원자탄 독점을 유지하면서 영국과 연합하여 소련을 굴복시키는 데 두고, 일본이 이를 위해 적극적 역할을 해야 한다고 주장한다. 또 포츠담 선언과 카이로 선언의 폐기,

1931년 일본의 만주 침략 이전 상황으로의 복귀도 주장한다.

전후 국제 정세와 일본의 재건 방향, 식민지 인식과 관련해 흥미로운 주장을 펼친 이 편지는 발송 시점과 패전국 일본의 처지, 당시 국제 정치 상황을 감안하면 황당한 얘기이나, 당시 일본인들이 일본의 부흥과 국제 사회 복귀의 조건들을 어떻게 구상했는가에 초점을 맞추어 살펴보면 꽤 의미심장하다. 필자의 주장 그대로 실현되지는 않았지만 이후 냉전이 격화하면서 미국의 대일 정책이 일본의 부흥, 단독 강화, 군사 동맹의 구축으로 나아갔던 것을 감안하면 이 편지는 이후 미국 정부와 점령 당국, 그리고 일본 정부가 추진한 일련의 정책을 간파하거나 선취한 감이 없지 않다. 어쨌든 패전 후 채 2년도 경과하지 않은 시점, 냉전의 공개적 천명으로 알려진 트루먼 독트린이 아직 발표되기도 전에 이러한 주장이 일본인들 사이에서 공공연하게 회자되기 시작했다는 사실이 놀랍다.

이 편지는 동아시아 지역에서 미국 중심의 냉전 질서 수립이 일본의 부흥을 필요로 하고, 그 연장선에서 일본의 식민지 지배에 대한 책임 문제가 회피되거나, 긍정적으로 평가될 수 있음을 보여 준다. 발신자는 별도의 절을 할애하여 "조선 민족에게 고했"다.

종전 후 독립의 영예를 얻었다고 하지만 진정한 평화가 왔다고는 생각하지 않는다. 행복한 자는 일부일 뿐이고, 일반 인민은 다수가 빈곤한 것이 틀림없는 사실이라고 생각한다. 일본에 의해 병합되어 안정을 얻어 살던 때가 행복했다고 깨닫는 사람들이 대부분일 것이라고 생각한다. 일본인은 미군 진주 후 맥아더 사령부의 시정 방침, 즉 정의, 관용, 이해 등으로부터 배운 바가 많고, 이를 모범으로 하여 종래의 잘못된 정책을 시정해 진실로 공존 공영의 열매를 거둘 필요성을 충분히 깨달았다는 것을 알아 두기 바란다.(와타나베 다케오(渡部武雄)의 1947년 3월 편지)

발신자는 태평양 전쟁은 이기적이고 잘못된 전쟁이었다고 말하지만 전범 처벌을 연기해 줄 것을 요구하고, 그런 면에서 이 편지에서는 전쟁에 대한 진정한 사죄나 책임 의식을 찾아보기 힘들다. 또 그는 전쟁 이전 일본의 식민 지배와 침략으로 고통을 받았던 주변 민족들에 대한 책임 의식이나 부채 의식은 전혀 없이, 오히려 일제의 식민지 지배를 예찬한다.

1947년 8월에 한 여학생이 "조선인은 문화가 얕은 저속한 민족이고, 우리 일본인이 제일 미워하는 러시아인과 흡사하다."라며, 난폭한 조선인을 처벌하고, 세계 평화를 이루어 줄 것을 청원하는 편지를 점령군 당국에 보냈다. 나이 어린 소녀의 감정적인 대응으로 웃어넘길 수도 있지만 그 무렵 조선인을 사회적 혼란의 원인으로 지목하는 것으로도 모자라 공산주의자이자 정치적 위험 요소로 지목하는 편지가 다른 일본인들 사이에서도 심심찮게 나타났고, 일본 정부가 그러한 현상을 조장하는 태도를 취했으며, 점령 당국은 그것을 방조했다는 데 문제의 심각성이 있다.

이 여학생이 조선인들을 향해 신경질적으로 혐오감을 표출

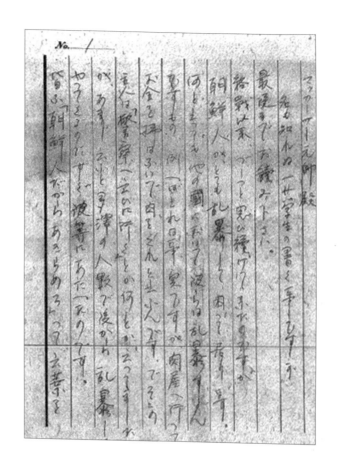

일본 여고생이 맥아더 장군에게 보낸 편지의 일부.
그는 '조선인은 저속한 민족이며, 일본이 미워하는
러시아인과 흡사하다'며 차별적인 시선을 드러냈다.

하던 때와 비슷한 시기에 한 조선인 청년이 미8군 감옥에 있는 동지에게 보낸 편지가 점령군 당국의 검열에 걸렸다. 이 청년은 왜 하필이면 해방 2주년 기념일에 감옥에 있는 사람에게 비감한 심정을 토로했을까? 또 수신인은 어떤 연유로 미군 형무소에 갇혔을까? 도대체 일본에 잔류한 조선인들에게 무슨 일이 일어났는가?

> 조선인의 생활권을 옹호하기 위해 요시다 내각을 향해 벌인 1946년 12월 집회 사건을 돌아보건대 우리 조선인은 여전히 일본인들의 습관적인 공격에 의해 탄압받고 있다. 우리 조선인은 얼마나 비참한 존재인가! 당신은 우리 조선인의 생활권을 보장받기 위해 최선을 다했고, 우리 60만 재일 조선인들은 당신들의 재심 또는 사면과 석방을 위해 청원서를 보냈으나 유감스럽게도 그 사건을 다룬 일본 관계 당국은 우리 청원서를 단 한 줄도 받아들이지 않았다. …… 아! 불쌍한 우리 세 동지여.(윤표원이 김기택에게 보낸 편지, 1947년 8월 15일)

「일본인 편지에 나타난 여론 개요」는 재일 조선인들의 편지도 자주 언급하는데, 재일 조선인 처지의 변화를 시시각각으로 보여 준다. 조선인 공식 귀환이 시작된 1946년 4월 이전에는 일제의 억압으로부터 조선인들을 해방시켜 준 것에 대한 감사 인사, 일본인들에 의한 조선인 박해와 전범 고발 등이 편지 내용의 주를 이루었다면, 공식 귀환 전후에는 귀국할 때 소지 금액을 1000엔 이상으로 늘려 달라거나 일본에서 모은 재산을 모두 가지고 갈 수 있게 해 달라는 청원 편지가 많았다. 조선인 편지는 귀환이 일단락된 1946년 여름 이후 뜸해졌다가 1946년 말부터 다시 증가하여 1947년 전반기에는 조직적 동원이 의심될 정도로 매달 수백 통의 편지가 점령군 당국에 전달되었다. 그 시기 편지의 주요 내용을 시계열적으로 요약하면 '60만 재일 조선인의 생활권 옹호, 1946년 12월 궁성 앞 시위 중 체포된 교섭 위원 석방 청원, 외국인 등록령 반대'로 요약할 수 있다. 보고서가 요약한 조선인 편지 내용만으로도 이 시기 일본에 잔류한 조선인의 처지가 점차 악화되었고, 그들이 자신들의 지위 변화에 불안해했음을 어렵지 않게 알 수 있다.[24]

편지에서 언급되었던 '1946년 12월 집회 사건'은 1946년 12월 20일 재일조선인생활권옹호위원회가 주최한 '재일조선인생활권옹호전국대회'를 마친 뒤 재일 조선인들이 수상 관저 앞에서 시위 행진을 하는 과정에서 경찰과 충돌해, 그것을 빌미로 옹호위원회 위원장 등 10명이 폭력 행위 등 위반으로 체포되어 군사 재판을 받고 국외 추방된 사건을 말한다. 일본 정부는 시위대가 경찰관들의 제지에도 불구하고 관저로 난입해서 이 사건이 일어난 것으로 발표했으나, 주최 측 조사에 따르면 관저 안에 있던 경관들이 시위대를 향해 고의로 불필요한 간섭을 시도하고 모멸과 조소를 하며 이에 반발하는 청중들을 향해 경관봉을 휘두르고 권총을 난발하면서 혼란 상태가 야기되었다. 당시 조선인들 사이에 생활권 옹호 운동이 성행했던 것은 일본 정부의 재일 조선인 단속 시도가 점차 강화되

PRP   Trs   **CONFIDENTIAL**   JP/TOK/582A4

CIVIL CENSORSHIP DETACHMENT
CIS—MIS—GHQ—SCAP
APO 500   *Legal Section*

FROM:	LIST:	TO:	LIST:
YOON Pyowon CHOSEN SEINEN GAKUIN (Korean Youth Institute) Behind the ground of Ki-mia-shi, Nitta-gun, Gumma-ken, (Japan)		KIM Kitaek c/o The 8th Army Prison 36-3, Arai-cho, Nakano-ku, Tokyo-to, (Japan)	

DISTRIBUTION:	STA LOCAL:	Date of Commun:	Dispos of Commun:	Eval-Alloc:
GB/SCG CIS/OP GS LS		15 Aug 47	Passed	204-9-12
		Type of Commun:	Language:	Prev. Records:
		Letter	Korean	None
		Prep. Date:	Comment by:	
		11 Sep 47	P56 J-2199 TOS	

COMMENT

CIVIL AFFAIRS: DEEP SYMPATHY EXPRESSED FOR IMPRISONED
COMRADES WHO FOUGHT FOR KOREAN CAUSE

Writer states:

"For forty (40) years thirty million (30,000,000) Koreans
have fully experienced the bitterness of Japan's disgusting
imperialism. However, they were released on the fifteenth
(15th) of August, 1945, by the victory of the Allied Forces.
On looking back upon the past case of December, 1946, (Ex:
Korean's rally toward YOSHIDA Cabinet on the question of how
to live), we Koreans have the perfect right to make a living,
yet we are still being oppressed by the Japanese habitual
aggressive actions. How lamentable it is for us Koreans!
You have done your best for our question of how to live, and
we six-hundred thousand (600,000) Koreans here in Japan sent
in petitions for your retrial or acquital and discharge, but
we are very sorry to say that not even a line in the petition
was permitted by the Japanese advisors who were handling the
case, and you, namely, Mr. KIM Ki-taek, Mr. PAI Seongbai and
Mr. WHITE Young-il are still in prison because of your condemned
trespassing at this time. What a pity it is for our three (3)
comrades!"

Inclosures: 1
1 letter

44006   **CONFIDENTIAL**   045636

CCD Form No. 1

1946년 12월 재일 조선인의 생활권 옹호 투쟁을 주도하다가
미8군 감옥에 투옥된 김기택에게 보낸 재일 조선인 윤표원의 편지.
미군이 요약한 것으로 '일본인이 조선인을 여전히 습관적으로
공격하고 있다'는 내용이다.

1946년 12월 20일 일본 도쿄에서 열린
'재일조선인생활권옹호전국대회'의 모습.

는 등 조선인의 법적 지위가 위기를 맞고 있다는 의식이 조선인들 사이에서 강화되었기 때문이다. 편지 수신인 김기택은 생활권옹호 위원회 중앙위원회 위원으로 수상 관저에 조선인들의 요구를 전달하기 위해 들어갔으나 이 사건으로 관저에서 체포되었다.

1947년 5월 2일 일본 정부는 신헌법 시행 전날, 최후의 칙령으로 '외국인 등록령'을 공포, 시행했다. 조선인이나 대만인 등 구식민지 출신자를 외국인으로 취급한다고 선언한 것이다. 외국인 등록령은 구식민지 출신자의 추방과 식민지 지배의 책임 회피를 본질로 하는 것으로서 재일 조선인을 거류 자격조차 없는, 즉 국제법상의 외교 보호 제도와 결부되지 않은 '무국적' 상당의 '외국인'으로 만드는 것이었고, 재일 조선인의 거주권과 법적 지위를 더욱 불안하게 만드는 것이었다. 1946년 말부터 시작해 1947년 전반기 내내 점령군 당국에 배달된 편지에서 조선인들은 자신들의 생활권과 거주권 보호, 외국인으로서 법적 지위의 보장을 점령군에게 호소했다. 그러나 미군은 재일 조선인의 권리 투쟁과 운동을 공산주의 세력의 획책으로 간주하는 일본 정부의 입장에 동조했다. 재일 조선인은 전전에는 포섭과 동화를 포함하는 억압과 차별의 대상이었다면, 전후에는 배제와 관리를 수반하는 차별과 멸시의 대상이 되어 갔다.

2장   미군정과
      해방 직후 남한 정치

신탁 통치를 둘러싼 대립

위당 정인보 선생이 1947년 8월 24일 「미국에 보내는 진정서 (Appeal to the United States)」를 미국 트루먼 대통령의 특사로 남한을 방문하는 웨드마이어 장군에게 보냈다. 타자지 4장 분량의 영문 편지이고, 한국어 원본을 찾지 못했지만 한국어로 번역하면 200자 원고지 43장 분량의 장문이다. 편지를 영역한 미군정 관리는 정인보를 "중국 고전, 조선 역사 및 문화에 관한 권위자로 온 나라에 알려진 교수"라고 소개했다. 그의 '진정서'는 다섯 단락으로 되어 있고, 영문으로 읽어도 문체가 유려하고 비장미마저 느껴진다.[25]

위당은 편지 서두에서 한국인은 민족적 자존심이 유난히 높은 민족이고, 그것을 미국 시민들에게 설명하기 위해 편지를 쓴다고 밝힌다. 그는 미·소 양국의 분할 점령 이전 상황과 이후 상황을 비교해 이를 설명했다. 점령 이전에는 "가장 외진 마을에서도 도둑과 강도가 없었고, 어떤 거리에서도 싸움을 볼 수 없었다. 이는 모두 대중들의 마음을 지배하는 민족적 자존심 때문"이다. 그러나 "소

1945년 12월 29일, 조선을 연합국이 신탁 통치하기로 한
모스크바 삼상 회의 결정 내용이 담긴 벽보를 서울 시민들이 보고 있다.

생된 나라의 앞날이 흐릿해지고, 미국과 소련의 분할 점령이 현실이 되자 그때까지 그들의 활기를 북돋던 자존심은 의지할 데가 없어졌고, 그들의 억압된 열정은 터진 둑을 따라 쏟아지는 급류와 같이 통제를 상실"했다. 또 위당은 미군의 점령 정책과 그 결과를 매우 부정적으로 묘사했다. "우리 역사에서 모든 몰락하는 왕조는 혼란하고 왜곡된 모습을 보였으나 현재 혼란은 기록상 유례없는 일"이고, "많은 이들이 그것을 미군정의 우유부단하고 되는대로 쓰는 정책 탓"으로 본다고 설명한다.

둘째 문단은 분할 점령이 장기화되고 미·소 협조에 의한 한국 문제 해결 전망이 어두워지면서 한국인들의 실망감이 커지고 있음을 지적한다. 넷째 문단은 "이 문제는 독립 약속이 처음 제기되었을 때와 같이 네 강대국 회담에 회부되어야 하고, 조선인은 자신의 주도권 아래 정부를 설립할 수 있어야 하며, 그 정부를 유엔이 승인해야 한다."라고 주장한다. 특히 둘째 문단에서는 신탁 통치에 대한 근본적 불신을 드러낸다. 그의 표현을 빌리면 "솔직히 말해서 신탁 통치를 포함하는 모든 해결책은 국제적으로 보장된 조선 독립의 모조품이거나 매춘 행위로 이해될 수밖에 없다."는 것이다.

그의 주장은 해방 이후 미·소 관계나 한반도의 남과 북에서 전개된 정세 변화에 대해 현실적 이해가 부족한 것처럼 보이기도 하지만, 핵심을 요약하면 민족적 자존심이 신탁 통치를 허용하지 않으니 하루빨리 한국인 손으로 정부를 수립하게 하라는 것이다. 위당은 그것을 한국인이 5000년 역사를 통해 얻은 민족적 긍지의

1947년 6월 23일 제2차 미소공동위원회가 열린 덕수궁 대한문 앞에서
신탁 통치에 반대하는 시위가 벌어졌다. 시위대는 소련 공사관으로
행진했다가 다시 이곳에서 연좌 농성을 진행했다.

발휘로 파악했다. 당대를 대표하는 지식인, 문장가이자 저명한 민족주의자가 해방이 되고 2년여의 시간이 흐른 뒤 그간의 정치·사회적 변화에 대한 나름의 소회를 적고 점령군 당국을 향해 헌책을 제시한 만큼 그 자체로 의미 있는 글이지만 더 흥미로운 것은 한국 공산주의에 대한 그의 인식이다. 직접 살펴보자.

조선인들은 다른 민족과 같이 의견이 다양함에도 불구하고 나라에 대한 애국심이라는 측면에서 놀라울 정도로 단결합니다. …… 예를 들어 공산주의자들도 일제 치하에서 애국적 민족주의자들과 힘을 합했고 대부분의 한국 인민들은 그들을 싫어하지 않았습니다. 우리는 그때 완전히 무력했고 우리의 애국적 활동을 좀처럼 현실화할 수 없었습니다. 중국은 매우 좋은 친구였으나 힘이 없었고, 미국은 힘이 있었으나 너무 멀리 떨어져 있었습니다. 러시아만이 우리와 인접했고, 우리와 함께 일본에 대한 증오를 공유했습니다. 그래서 일부 조선인들이 러시아적 방식이 도움이 될 것이라고 생각했습니다. 이는 공산주의가 어떻게 우리 토양에 뿌리내렸는지를 설명합니다. 소련에 경도된 것이 아니라 일제를 몰아내기 위한 것이었습니다. 이와 같이 조선에서 공산주의는 민족주의라는 비료로 풍성해졌습니다. 또 그 추종자들은 무의식적으로 민족적 자존심에 의해서 움직였습니다. 공산주의가 일정 부분 인민을 장악할 수 있었던 것은 북쪽으로부터의 도움만큼이나 대중들의 심중에 남아 있는, 공산주의자들에 대해 가졌던 오래된 애국주의적 이미지 때문입니다.

신탁 통치 논쟁을 거치며
좌우 대립 구도 등장

위당은 한국 사회에서 공산주의가 독립운동의 한 방략으로 수용되었고, 일제 강점기만 해도 대부분의 민중들이 공산주의자들을 폭넓게 지지했다고 말한다. 저명한 기독교 민족주의자이자 신간회 초대 회장인 월남 이상재 선생이 "민족주의는 사회주의의 근원이며, 사회주의는 민족주의의 본류"라고까지 말했던 것을 떠올려 보면 위당의 이러한 언급은 그만의 독특한 시각이라기보다 당시 한국 사회가 공유했던 상식이다. 또 위당은 편지에서 해방 이후 신탁 통치를 지지한 뒤부터 공산주의자들이 민중들과 소원해졌다고 지적했다. 실제로 1945년 말 미국, 영국, 소련 3국 외상이 참가하여 모스크바 삼상 회의(3국 외무장관 회의)에서 체결한 '조선에 관한 결정'이 국내에 전파되어 결정 지지와 반탁으로 정국이 분열되기 이전만 해도 민족 통합과 제 당파의 정치적 통합을 통해 하루빨리 나라의 독립을 이루어야 한다는 주장에 그 어떤 정치 세력도 토를 달 수 없는 분위기였다.

그런데 삼상 회의 결정의 조선과 관련된 내용이 국내에 보도되자 반탁 운동이 거세게 일어났고, 1945년 말과 1946년 벽두에 남한에 몰아닥친 반탁 운동의 열풍과 신탁 통치 논쟁은 남한 정치에

1946년 3월 20일 제1차 미소공동위원회 첫 회의에 참석한
미국과 소련 대표단이 덕수궁 석조전 계단에 서 있다.
앞줄 왼쪽은 미국 대표 존 하지 사령관, 오른쪽은 소련 대표
테렌티 포미치 시티코프 중장.

좌우 대립이 자리 잡는 계기가 되었다. 여러 정치 세력들이 삼상 회의 결정 지지와 반탁으로 나뉘어 결집하기 시작했고, 1946년 2월 중순 우익의 대표 기구인 남조선대한국민대표민주의원(민주의원)과 좌익의 대표 기구인 민주주의민족전선(민전)의 수립으로 좌우 대립 구도가 본격화되었다.[26]

삼상 회의 결정의
국내 확산 과정

신탁 통치 논쟁이 본격화한 1945년 말과 1946년 초는 해방 직후 정치사를 가르는 시기인 만큼 세밀한 관찰이 필요하고, 가장 먼저 해명해야 할 것은 삼상 회의 결정의 국내 전달과 확산 과정이다. 삼상 회의 결정은 1945년 12월 27일 '워싱턴 25일발《합동통신》지급보(至急報)'로 국내에 최초로 유입되었다. 제목만 조금씩 차이가 났지《동아일보》,《조선일보》,《민중일보》,《중앙신문》,《신조선보》등 대부분의 신문들이 아래 기사를 1면 상단 헤드라인 또는 중단에 그대로 보도했다.

'소련은 신탁 통치 주장, 미국은 즉시 독립 주장, 소련의 구실은 38선 분할 점령'

모스크바에서 개최된 3국 외상 회담을 계기로 조선 독립 문제가 표면화하지 않는가 하는 관측이 농후해 가고 있다. 즉, 번스 미 국무장관은 출발 당시에 소련의 신탁 통치안에 반대하여 즉시 독립을 주장하도록 훈령을 받았다고 하는데 3국 간에 어떠한 협정이 있었는지 없었는지는 불명하나 미국의 태도는 '카이로 선언'에 의하여 조선은 국민 투표로써 그 정부의 형태를 결정할 것을 약속한 점에 있는데 소련은 남북 양 지역을 일괄한 1국 신탁 통치를 주장하여 38선에 의한 분할이 계속되는 한 국민 투표는 불가능하다고 하고 있다.(워싱턴 25일발 합동통신 지급보)

이 기사는 삼상 회의 당시 미·소 양측의 입장과 주장을 정반대로 보도했을 뿐만 아니라 결정서 내용과 전혀 다른 왜곡 보도였다. 삼상 회의에서 미국은 신탁 통치, 그것도 10년간의 신탁 통치를 제안했고, 역으로 소련은 즉시 독립을 제안했으나 3국 외상들은 협상을 거쳐 한국 문제 처리 방안으로 '조선 민주주의 임시 정부' 수립과 5년간 신탁 통치를 결정했다. 잘 알다시피 미국, 영국, 중국 세 나라 대표가 카이로 선언(1943년)에서 조선의 독립을 결의했지만, 국민 투표로써 그 정부 형태를 결정한다는 내용은 선언에 들어 있지 않다. 이 기사는 마치 남한에서 일어날 격렬한 반탁 운동을 예상하기라도 한 듯 탁치 제안자를 미국이 아니라 소련으로 지목하고, 38선 분할이 지속되는 것도 소련 때문인 것처럼 몰아가고 있다. 이 기사는 반탁 운동을 격화시키는 도화선이 되었을 뿐 아니라, 이후 며칠간 삼상 회의와 그 결정 내용에 대한 국내 신문의 보도 태도와 방향을 결정했다.

당시 미군정청 공보부는 한국인의 여론 동정을 관찰해서 주간 단위로 「정치 동향(Political Trend)」이라는 보고서를 작성했다. 특히 삼상 회의 결정의 국내 전달 이후 반탁 투쟁이 절정에 달했던 연말연시 며칠간은 한국인들의 여론 동정에 촉각을 곤두세웠고, 사후에 「신탁 통치」라는 특별 보고서도 작성했다. 「정치동향」 14호(1945. 12. 29.)는 "합동통신사가 배포한 기사가 강력한 반소 감정을 일으켰다."라면서 왜곡 보도의 출처로 합동통신사를 지목했다. 또 「신탁 통치」 특별 보고서는 그 기사가 워싱턴발이 아니라 미 육군이 태평양 지역에 근무하는 미군들을 위해 도쿄에서 발행하던 12월 27일자 《태평양 성조기(Pacific Stars and Stripes)》에서 가져온 것이었다고 적었다.

워싱턴발로 위장한 국내 신문들의 기사는 《태평양 성조기》에 실린 '외신 종합' 기사 중 한국 관련 기사를 그대로 전재 번역한 것인데, 이 신문은 《유피(UP) 통신》의 랠프 헤인젠(Ralph Heinzen)을 작성자로 인용했다. 이 기자는 2차 세계대전 당시 유럽에서 통신원으로 근무한 적이 있고, 동료들로부터 '악명 높은 날조 전문가', '상상력만으로 벽면 가득히 기사를 쓸 수 있는 사람'이라는 평을 듣던 이른바 '기레기'였고, 아시아 전문가가 전혀 아니었다. 필자가 아는 한 랠프 헤인젠의 기사는 워싱턴 D. C.에 있는 《유피 통신》의 후신인 《유피아이(UPI) 통신》 본사 문서고에 존재하지 않는다.

미군정 관리들은 국내 신문의 왜곡 보도를 추적하면서 합동

신탁 통치에 대한 미국과 소련의 주장을 최초로 왜곡 보도한
《태평양 성조기》의 1945년 12월 27일자 1면.
미군이 운영하는 이 신문의 해당 기사는 당시 '날조 전문가'로
유명했던 랠프 헤인젠 기자를 인용했다.

통신을 출처로 지목했다. 당시 합동통신은 우익 성향 통신사로 분류되었으며, 합동통신 주간 김동성은 이승만 정권에서 초대 공보처장을 지냈지만, 그 출처는 합동통신이 아닐 가능성이 더 많다. 미군정 보고서들은 이 기사가 《태평양 성조기》 12월 27일자에 실렸고 국내 신문들이 12월 28일 이 기사를 보도했다고 적었으나 국내 신문들도 모두 12월 27일 같은 기사를 보도했다. 그렇다면 왜곡 보도의 주체는 도쿄와 서울에서 미 육군 신문과 국내 신문에 같은 기사를 동시에 배포할 수 있는 능력을 가진 자이고, 일개 국내 통신사(합동통신)가 그런 능력을 가졌을 리는 만무했다.

'일제 청산' 과제
좌우 대립으로 재편

이 기사의 보도 이후 어떤 신문은 반탁 운동을 부채질했고, 어떤 신문은 한국 문제가 국제화하는 것을 우려하며 국내 통일에 전력을 다할 것을 호소했다. 해방 이후 한국의 정치 지형을 식민 유제와 잔재 청산이라는 과제로부터 좌우 대립 구도로 재편한 것은 모스크바 삼상 회의 결정이 한국 사회에 남긴 가장 커다란 부(負)의 유산이다. 신탁 통치를 둘러싼 파쟁은 미·소 간 냉전이라는 국제 정치적 기준이 밖으로부터 부과되면서 빚어낸 마찰음이자 한국 사회 내부로부터의 파열음이었고, 그 과정에서 작위적 공작이 난무했다.

다시 위당으로 돌아가자면, 해방 직후 그는 원하든 원치 않든 다양한 정치·사회 활동에 연루되었으나, 해방 정국에서 그가 가장 공을 들인 것은 일제 강점기에 나라의 독립을 위해 싸우다 희생된 혁명가 유가족들의 원호와 순국선열 추념 사업이었다. 가족의 회고에 따르면 1946년 3월 1일 발표한 '순국선열 추도문'은 광복 이후 그가 처음으로 온정을 다 쏟아 지은 명문 중 하나였다.[27] 그가 살아 있다면 21세기가 시작된 지 20년이 다 되어 가는 시점에서 한국 사회가 약산 김원봉의 독립유공자 서훈 추진을 둘러싸고 벌이는 논란을 어떻게 생각할지 궁금하지만, 아무래도 송구해서 차마 묻지는 못할 듯싶다.

통역 정치와
테러 정치의 서막

미군이 서울에 진주한 지 일주일도 채 지나지 않은 시점에서 서울 관수동 44번지에 사는 오병철이 점령군 사령관 하지에게 편지 한 통을 보냈다.

저는 조선건설치안총본부의 오병철입니다. 당신의 도움이 없었다면 조선은 이런 경사를 맞이할 수 없었을 겁니다. 제가 살아 있는 한 당신이 베푼 은혜를 잊지 않겠습니다. 해방된 바로 그날 나는 조선의 치안을 담당할 기구를 조직했습니다. 그것은 순수한 자치 기구이고, 치안 유지가 목적이며 정치적 의도는 전혀 없습니다. 전 조선이 우리 조직의 활동을 반겨 주었습니다. 나는 언제나 근면하고 성실하게 내 임무를 수행하기 위해 노력할 겁니다. 내 조직은 서울에 4000여 명의 대원이 있습니다. 나는 서울 서부에 있는 대원들로부터 미군이 우리의 막중한 활동을 인정했다고 들었고, 그들은 당신 군대와 손을 마주 잡고 임무를 수행할 것입니다. 그들은 모두 용맹하고 애국심으로 충만해 있습니다.

그러나 최근 내가 하는 일을 방해하려는 자들이 있습니다. 내가 최선을 다한다면 다른 사람들이 나에 대해 무어라고 얘기하든 상관하지 않을 겁니다. 삶이 곧 투쟁이라고 합니다. 나는 게으르게 잠을 자거나 망상을 좇지 않고 참으로 고귀한 정신으로 싸울 겁니다. 장군님, 나는 당신의 지도가 필요합니다. 가까운 시일 내에 만나 뵐 수 있을지요? 사정이 허락한다면 서신으로 알려 주시기 바랍니다.

오병철은 존 하지 장군으로부터 만나자는 전갈을 받았을까? 편지는 용맹하다 못해 무모하다는 느낌이 들 정도로 직선적이다. 그는 조선건설치안총본부(건설치안대)의 본부장이었고, 이 단체는 치안 유지 활동을 기치로 내걸고 창립한 첫 번째 우익 진영 단체였다. 그는 그 단체의 후신인 조선건국청년회(건청) 초대 부회장을 지냈다.[28]

3년간 미군정 사령관을 지내고 미국으로 돌아가는 존 하지 중장을 위해
1948년 8월 26일 성대한 송별연이 서울운동장에서 열렸다. 송별식에서
이범석 국무총리(앞줄 오른쪽)가 선물한 700년 된 일본도를
하지 중장이 만져 보고 있다. 이 칼은 이범석 장군이 청산리 전투 때도
지니고 있었던 그의 애장품이었다. 하지의 왼쪽 옆에 통역 겸 정치 고문인
이묘묵이 서 있다. 뒷자리에는 이승만 초대 대통령의 모습도 보인다.

Your Excellency John R. Hodge
Commanding General
U.S. Armed Forces in Korea

13 Sept 1945

Sir/

I beg your pardon to introduce myself who is the leader of the Peace Maintenance League of Korea. My name is Byung chul O (B.C. O).

But for your help, Korea should not have won such a brilliant success as now. You are my benefactor whom I cannot forget as long as I live even if I should wish to.

On that day - 15 Sept -I formed a body for maintain the public peace of Korea. It is a pure self governing body. Our general plan is to maintain the public peace only. I have not political idea absolutely. The whole nation are rejoiced over the activity of our league.

I am ready to endeavor always to be diligent and faithful in the performance of its duties. I have 4,000 subordinates in Seoul. I heard that my subordinates in western part of Seoul, were recognize their grave activity by American soldiers, and they obeyed their duties hand in hand with your forces.

They are all brave and full of patriotic spirit.

But in these days there are some peoples, who abstruct my undertaking. If only I do my best, I need not worry about what others may say about me. It is said that life is strife. I should fight with a noble spirit, in the true sense, instead of having an idle sleep or making visionary plan.

Sir

I have a matter which needs your kindly guidance. Will you not kindly let me join you at your earliest convenience?

Please let me know by letter your circumstances.

I have the honor to be, Sir

Your obedient Servant,

B. C. O

Byung chul O
44 K Wansu Chyung Seoul

해방 직후 우익 단체인 '조선건설치안총본부'의 본부장
오병철이 하지 미군 사령관에게 보낸 편지.
1945년 9월 13일자로 보낸 편지는 '미군을 도와 치안을 맡겠다'며
'장군님의 지도를 바란다'는 내용을 담고 있다.

미군정은 9월 13일 치안 유지 명목으로 창설된 단체들에 경찰력 행사를 중지하도록 명령했는데, 그 지시에 따라 건설치안대는 건청으로 개명했다. 전자의 창립일은 1945년 8월 16일이고, 후자의 창립일은 1945년 9월 29일이다.[29] 편지는 미군정이 명령을 내린 날 발송되었고, 남한에 진주한 미군 사령관에게 자신의 존재를 알리고 그와 면담하는 것이 오병철과 건설치안대의 첫 번째 주요 활동 목표였음을 보여 준다. 그는 편지에서 이 단체가 미군과 우호적인 관계 속에서 활동하고 있음을 은근히 내비친다.

오병철은 건청 2대 회장이 되었고 그때부터 오정방이라는 이름으로 활동했다. 그의 과거는 불투명하다. 건청은 1947년 중반에 내홍을 겪는데 그의 반대파들은 그가 일제 강점기에 총독부 경무국과 헌병대 촉탁으로 항일 혁명가 밀고, 고문 등을 자행했고 일진회 회원으로 강제 징용, 징병 등 일제의 전시 동원에 적극 호응했다며 그를 비난하는 광고를 일간지에 실었다. 그 광고에 따르면 해방 직후 건설치안대를 조직한 것도 총독부 경무국장 니시히로 다다오의 사주로 귀국하는 일본인들을 보호하기 위해서였고, 해방 이후 그는 적산 불하 등 각종 이권 개입과 사기 행각으로 재산을 모았다.[30]

반면 건국준비위원회 위원장으로서 해방 직후 남한 정치에서 가장 중요한 역할을 했던 몽양 여운형은 1946년 6월 한 기자 회견 석상에서 그에 대해 다소 다른 평가를 내놓았다. 자신이《조선 중앙일보》사장으로 재직하던 시절 그가 함경남도 회령 지국장이었으며, '비밀 조사를 부탁하면 결사적으로 대모험을 감행하던 용감하고 열렬한 애국 청년이었으나 해방 이후 독자적인 정치 활동을 전개하기 위해 건설치안대를 조직하고 활약하다가 일보 전진한다고 건국청년회로 변함과 동시에 타력의 오도(誤導)를 받아 파괴적 운동을 했던 것이 사실이나, 최근 과거를 반성하며 과오를 청산하고 국내 통일과 건국의 촉진을 위해 건설적인 정당한 노선에 다시 서려는 용감한 자기 수정'을 했다는 것이었다.[31]

반대파의 이야기와 몽양의 평가가 상반되어 어느 쪽이 그의 실체인지 헷갈리지만 진실은 어중간에 있거나 또는 두 주장 모두 사실이었을 것이다. 몽양이 《조선중앙일보》 사장을 지내던 때가 1933년부터 1936년 사이이니 그 무렵엔 《조선중앙일보》 회령 지국장을 지냈던 것으로 보이고, 그 뒤의 행적은 반대파의 주장대로였을 가능성이 많다. 일제하 36년간은 결코 짧은 시간이 아니었고, 개인의 신상이 천변만화를 겪기에 충분한 시간이었다. 해방 이후와 관련해서는 몽양도 그가 건청 결성 시점부터 '타력의 오도'를 받아 파괴적 운동을 했다고 했고, 몽양의 발언을 전후한 시점에 무언가 노선에 변화가 있었던 것으로 보인다.

'파괴적 운동'은 건청이 결성 이후 좌익 세력에 대한 공격을 주도했던 것을 가리킨다. 건청은 1945년 11월 조선인민공화국이 주최한 전국인민대표자대회 습격을 주도하는 등 해방 직후 가장 적극적으로 좌익을 공격했다. 이 사건은 우익 진영이 정치 노선의 차이를 폭력적인 수단으로 해결하고자 한 시도이자 우익 청년단이 그 행동대로 활동하기 시작했음을 보여 주는 신호탄이었다. 그런데 오정방은 남한 정계에서 좌우 합작 운동이 전개되기 시작한 1946년 중반 이후 민족 통일과 좌우 합작에 동조하는 태도를 취했고, 그로부터 우익 청년 단체가 그에게 협박장을 보내는 등 극우 진영의 견제를 받기 시작했다.

몽양의 기자 회견은 오정방의 그러한 노선 변화를 지지한 셈이고, 1947년 건청의 내홍은 그 뒤끝으로 그와 노선을 달리하는 세력이 그를 몰아내기 위해 추진했던 것으로 보인다. 그의 본색이 무엇이었든 간에 편지에서 표현한 대로 해방 정국에서 그의 삶은 투쟁의 연속이었다.

그의 편지는 주한미군사령부가 『주한미군사』를 편찬하기 위해 수집한 자료를 모아 놓은 주한미군사령부 군사실(軍史室) 문서군에 수록되어 있는데 그중에서도 이 편지가 들어 있는 서류철은 『주한미군사』 1부 3장 「막간극: 1945년 8월」을 집필하기 위한 자료들을 모아 놓았다.

이 서류철에 들어 있는 문서들은 미군 진주 직후 방첩대 등 미군 정보 기구들이 각지의 정치적 상황에 대한 첩보들을 수집한 일련의 과정을 보여 주고, 특히 미군 진주 이전의 건국준비위원회 활동과 그 정치적 성격 규명에 초점을 맞추어 첩보를 수집했음을 보여 준다. 이 서류철에서 오병철의 편지보다 더 눈길을 끄는 영문 연설 원고 한 편을 발견했다.

이 연설문은 서두에 "양심을 걸고 말하건대 공평하고 편견

September 1, 1945

Speech delivered at
correspondents' dinner, Bright Moon
Restaurant, September 10

Dear Sir:-

I have the liberty of submitting the following data to you with
the hope that it may be some way useful in getting a glimpse of the pre-
sent situation in Korea. So far as my conscience goes the data are
strictly impartial and unbiased.

WHAT HAS TAKEN PLACE SINCE AUGUST 15th

(1). At noon of August 15th the Japanese Emperor announced that
he would accept the peace terms proposed by by the Allies.

(2). On the 16th and 17th there were peaceful demonstrations
throughout the country, rejoicing the restoration of freedom and inde-
pendence to Korea. Here and there some riots took place, burning
Japanese shrines and maltreating local officers, who were directly
responsible for squeezing the people and recruiting young men for
military service and compulsory training camps. However, they laid
hands solely on the pro-Japanese Koreans; and no Japanese was injured.

(3). In the midst of confusion and bewilderment caused by the
news of surrender of Japan the Japanese government in Korea asked a
few Koreans to maintain law and order. This attempt on the part of the
Koreans lasted only 3 days - from 15th to 17th..

(4).. The Japanese took the peaceful demonstrations conducted by
the Koreans as an insult to them and took back the policing power from the
Koreans. The Japanese then stationed their troops everywhere and brought

-1-

연희전문학교 교장을 지낸 이묘묵이 1945년 9월 10일
음식점 명월관에서 미군 장교들과 미국 언론인들에게 행한 연설의 원고.
그는 이 연설에서 건준 지도부를 친일파이자 공산주의자라고 왜곡했다.
이묘묵은 그 뒤 하지 사령관의 통역 겸 정치 고문으로 해방 정국에서
중요한 역할을 맡았다.

없는 자료"라고 밝히는데 1면 상단에 "연희전문학교(Chosen Christian College)"라는 머리말이 타자되어 있는 타자지 8장 분량의 글이다. 전체적으로 네 부분으로 구성되었고 각각 '8월 15일 이후의 사태 전개', '조선건국준비위원회(건준)', '당면 현안', '조선인이 두려워하는 것과 바라는 것'이라는 제목을 달았다. 이 연설은 전체의 절반가량을 일본 패망 이후 조선이 당면한 문제들, 법과 질서의 유지, 식량 및 연료 확보, 일본인 귀환과 그들의 조선 내 재산 처리, 통화량 증발과 인플레, 재일 조선인 귀환 등 일제의 패망과 총독부의 종전 대책으로 빚어진 사회 경제적 문제들에 할애했지만, 연설이 전달하고자 하는 바는 글의 둘째 부분인 '건준'에 집중되어 있다는 것을 글을 읽어 보면 어렵지 않게 알 수 있다.

연설은 이 부분에서 일본의 무조건 항복 이후 총독부의 2인자 엔도 류사쿠 정무총감이 일본인의 안전을 위해 여운형과 교섭한 사실 등 건준이 조직된 과정을 전달했지만, 사실을 교묘하게 왜곡하여 건준을 지도했던 위원장 여운형과 부위원장 안재홍을 친일파, 공산주의에 경도된 사람들이라고 주장했다.

'조선인이 두려워하는 것과 바라는 것'이라는 제목의 넷째 부분은 연설의 결론이라고 할 수 있는데, 원고는 현재 조선의 사고 경향을 우익과 좌익으로 나눈 뒤 좌익은 잘 조직되어 있고 선전에 능하며 목적을 이루기 위해 수단과 방법을 가리지 않는 반면에 민족주의자들은 이성적이고, 신중하게 사태 발전을 지켜보고 있다고 정리한다. 이어서 북에서 내려온 군대가 조선 사회를 공포에 떨게

하고 있고, 조선인들은 빨갱이의 영향력이 새로 태어난 국가에 해를 끼칠 것을 두려워한다고 적고 있다. 그는 조선인들이 해방자 미국인의 도착을 기다렸고, 기꺼이 미국인에게 협조할 것이라며 조선인들이 "인민을 위한, 인민의, 인민에 의한" 정부를 수립하기를 갈망한다는 말로 연설을 끝맺고 있다. 소련을 직접 지칭하는 대신 "북에서 도래한 군대"라는 완곡어법으로 표현했지만 연설을 듣는 사람들이 그것이 소련군을 의미한다는 것을 모를 리는 없다.

작성일이 9월 1일로 잘못 기재되어 있고 "Dear Sir"로 시작하는 이 영문 원고는 언뜻 보면 연설문인지 편지인지 헷갈리지만 이 문서 상단에 연필로 1945년 9월 10일 명월관에서 외국인 기자들을 상대로 한 연설문이라고 기록되어 있다. 그 시점만 해도 아직 간행된 한국어 신문이 없어서 이 연설이 어떤 경위로 이루어졌는지 당시 한국 사회에는 전혀 알려지지 않았다. 다행히 미 육군 24군단 군사관(軍史官)이 수기로 기록한 9월 10일자 「사관기장(Corps Staff Journal)」은 합동통신사가 주최한 명월관 모임에서 '이 박사'가 미군 장교들과 미국인 신문 기자들을 상대로 연설했다는 것을 밝혀 놓았다. '이 박사'는 이묘묵이고, 그는 한국민주당 창당에 적극 개입했을 뿐 아니라 그 뒤 한민당과 미군정을 연결하는 핵심 고리 중 하나가 되었다. 그는 연설 원고 끝에 자신을 《코리아 타임스》 발행인으로 소개했는데, 해방 이전 연희전문학교 교장을 지낸 바 있다. 그는 수양동우회 사건에 연루되어 일본 경찰에 검거되었지만 전향 후 풀려났고, 그 뒤 각종 친일 단체에 가입하여 적극적으로 친일 활동을 했다.

　미·소 양군에 의한 한반도 분할 점령을 공포한 연합군사령부의 일반 명령 1호는 일본군 무장 해제와 치안 확보를 주된 점령 목적으로 내세웠지만 진주하기 이전부터 미군은 자신들의 임무가 그것에 한정되지 않을 것을 잘 알았고, 조선총독부, 조선 주둔 일본군사령부와의 교신은 물론 오키나와의 포로수용소에 수용된 조선인 포로들을 통해 남한 정세를 파악하기 위해 분주하게 움직였다. 일본군은 소련군이 38선 이남으로 남진할 가능성과 남한 내 공산주의자들의 활동이 치안 유지에 커다란 위협이 되고 있다는 악의적 중상을 반복적으로 전하며 미군의 소련군에 대한 경계 의식과 남한 정세에 대한 의구심을 한껏 증폭시켰다. 일본군은 해방 이후 한국인들이 한반도 전역에서 활발하게 전개한 새 국가, 새 사회 건설을 위한 자생적인 노력들을 모두 소련의 사주와 일부 공산주의자의 선동에 의한 것으로 몰아갔다.

　이묘묵의 연설은 일본군이 했던 행동을 그대로 반복했을 뿐 아니라 진주 이전에 미군이 일본군에게서 전달받은 내용을 미국 유학 경험이 있는 조선인 교육자가 확인해 준 셈이 되었다. 그가 이후 점령군 사령관 하지 장군의 통역이자 정치 고문으로 발탁되었다는 점은 미군정의 '통역 정치'가 어떤 방향으로 흘러갈 것인지 충분히 짐작하게 한다. '막간극'이라는 문학적 표현으로 제목을 단 『주한미군사』의 해당 부분 서술은 미군 진주 이전 건준과 각지에 설치된 인민위원회와 치안대 등 각종 자생적 조직이 펼친 정치 활동과 치안 유지 활동을 소개하는데, 그것들을 평가할 때 반복적으로 이묘묵의 연설문을 인용하고 있다. 그러나 의미심장하게도 그 부분을 서술하기 위해 모아 놓은 자료들은 '막간극'이 그 뒤 전개될 통역 정치와 테러 정치의 서막이기도 했음을 보여 준다.

조봉암 사신과
1차 미소공위 결렬

1946년 5월 7일부터 10일 사이에 몇몇 신문에 죽산 조봉암이 조선공산당 서기 박헌영에게 보내는 서신 전문이 공개되었다. 3회로 나누어 게재했을 만큼 긴 편지인데, 아래에 인용한 편지 앞 단락이 암시하듯이 두 사람끼리만 나눌 수 있는 내밀한 얘기를 담았고, 또 여간 친밀한 관계가 아니라면 드러낼 수 없는 당내 문제들에 대한 비판을 담은 사신(私信)으로서, 사실은 아직 발송하지 않은 초고였다.

내가 붓을 들어서 동무에게 편지를 쓴 것은 1926년 상해에서 동무에게 암호 편지를 쓴 것 외에 이것이 처음인 것 같소. 내가 얼마나 동무를 존경하고 또 과거 10여 년간 동무가 얼마나 영웅적 사업을 계속했는가 하는 것에 대한 혁명가로서의 순정(純情)의 찬사는 아첨이라 생각할까 해서 한마디도 쓰지 않겠고 오직 동무의

조봉암은 1946년 3월 조선공산당 서기 박헌영에게 당의 노선과
활동 등을 비판하는 내용의 편지를 써서 품에 지니고 있다가
미군 방첩대에 빼앗겼다. 미군정은 이 편지를 한 달여가 지난 5월 초
1차 미소공위가 결렬되기 하루 전날 우익 계열의 신문사 네 곳에
흘렸으며, 이후 좌익에 대한 탄압이 노골화되었다.
사진은 대한민국 초대 농림부 장관에 임명된 조봉암이
첫 국무회의(1948년 8월 6일)에서 발언하고 있는 모습.

꾸준한 건강과 건투를 빌 뿐이오.

내가 8·15 그날부터 오늘까지 인천에 틀어박혀서 당, 노조 정치 등 모든 문제에 있어서 입을 봉하고 오직 당부의 지시하에서 내가 할 수 있는 일을 최대의 정열을 가지고 정성껏 해 왔소. 나는 그렇게 하는 것이 나 자신을 위해서, 당을 위해서, 나아가서는 조선 혁명을 위해서 가장 옳은 길이고 옳은 태도라고 믿는 까닭이오. 그런데 오늘 붓을 들어서 무슨 문제를 논의하고 우견(愚見)을 진술하게 된 것은 결코 이 태도가 달라져서 그런 것이 아니오.

"오직 당을 사랑하고 동무를 아끼는 마음으로 아니 쓸 수 없어서 쓰는" 이 편지는 이어서 해방 이후 공산당 지도부가 취한 노선과 활동, 그리고 당 운영 방식의 문제들을 몇 가지로 나누어 비판한다. 조봉암은 크게 민족통일전선 및 대중 투쟁 문제와 그 운영, 당내 인사 문제로 나누어 비판을 전개했는데, 전자와 관련해서는 인민위원회와 인민공화국 조직 시기의 선택과 조직 방법상의 오류, 민주주의민족전선(민전)에 당 역량을 과도하게 투여한 점, 모스크바 삼상 회의 결정 지지 투쟁에서 나타난 오류 등을 지적했다. 후자와 관련해서는 당 간부 등용의 무원칙성과 정실적 태도 등을 비판했다. 조봉암은 공산당 재건 이후 당 활동에서 나타난 오류와 한계를 현장 활동가의 입장에서 비판했고, 편지에서 썼듯이 이는 다른 지역 활동가들도 지적하던 문제들이었던 만큼 당 중앙으로서는 간과할 수 없는 측면이 있다. 조봉암은 그러한 현장의 분위기를 감지하고 원로 당원으로서 자기가 대신 그것을 중앙에 전달하려 했을지도 모른다.

이 편지는 자기비판의 형식을 취하고 있지만 동시에 그 내용은 박헌영과의 오랜 인연이 전제되지 않으면 쓸 수 없는 것으로서 노당원이 작심하고 당의 노선과 운영에 대한 비판을 직설적으로 펼쳐 놓았다. 그런데 이 편지, 정확하게는 조봉암의 흉중에 담긴 생각들을 적어 놓은 이 편지의 초고는 도대체 어떻게 일간 신문에 공개되었을까?

이 서한 초고는 일부 내용이 개작된 채 《동아일보》, 《조선일보》, 《한성일보》, 《대동신문》에 연재되었고, 다른 일간지들에는 실리지 않았다. 수신자가 공산당 우두머리이고, 발신자가 박헌영 못지않게 오랜 활동 경력을 가진 원로 당원이긴 했지만, 한 개인의 사신을 출처도 밝히지 않은 채 동시에 네 개 신문이 3회에 걸쳐 연재한 것은 특별한 의도와 기획이 개입되지 않으면 할 수 없는 매우 이례적인 편집이다.

조봉암의 사신을 연재한 네 개 신문은 해방 정국에서 모두 우익 진영 신문으로 분류되었다. 특히 《대동신문》은 대표적인 극우 신문으로 사장 이종형은 일제 강점기에 권수정이라는 가명으로 관동군 밀정으로 활동했고 일제 강점기 말에는 조선총독부 경무국 촉탁으로 일했다. 《대동신문》은 진보 진영 공격을 위해 창간되었다고 할 정도로 창간 이후 시종일관 진보적 정치 세력에 대한 비난과 공격에 필봉을 휘둘렀고, 다른 한편으로 이승만의 일거수일투족을

조봉암이 박헌영에게 보내려고 썼던 개인 편지가 1946년 5월 초
《조선일보》와 《동아일보》 등 네 개 신문에 일제히 실렸다.
우익 계열인 《한성일보》의 5월 7일자 지면 일부.

기사화하며 그를 옹호하는 데 열을 올렸다. 《한성일보》의 편집과 발행을 맡았던 이들은 양재하, 김종량, 이선근 등이었는데 모두 우익 계열 청년 단체에 깊이 관여했다. 《한성일보》 역시 조봉암 사신 보도에 나선 무렵부터 좌익에 대한 공세를 점차 강화했다.

《한성일보》만이 편지를 모처에서 입수했다고 언급했는데 그 모처는 미군 방첩대(CIC)였다. 방첩대 인천 지소는 1946년 3월 하순에 민전 인천지부를 습격하여 사무실에 있던 문건들을 탈취했고, 그 과정에서 조봉암이 품에 지니고 있던 이 편지도 압수했다. 조봉암은 편지가 개인 서한이므로 반환해 줄 것을 강력하게 요청했으나 방첩대 인천 지소는 그에 응하는 대신 이 편지를 서울의 방첩대 본부로 보냈다.

입수 경위의 불법성 여부를 따지지 않는다면 편지 작성자나 수신인, 수록 내용을 놓고 볼 때 이 편지의 공개는 조선공산당과 그 지도부에 큰 상처를 줄 수 있는 호재였을 텐데 미군정은 왜 바로 공개하지 않고 한 달 반이나 미루었다가 5월 초에야 언론에 흘렸을까? 주목할 것은 편지의 공개 시점이다.

1946년 3월 20일 시작한 1차 미소공동위원회(미소공위)는 협의 대상 정당·사회 단체 문제, 즉 반탁 운동 단체를 협의에서 제외해야 한다는 소련 측 입장과 반탁 운동 단체라도 협의에 참여시켜야 한다는 미국 측 입장이 부딪혀 난관에 봉착했다. 그러자 소련 대표단은 4월 5일 과거에 반탁 운동을 했더라도 앞으로 모스크바 결정을 지지하면 과거의 반탁 활동을 불문에 부치고 협의 대상으로 삼을 수 있다는 새로운 양보안을 제안함으로써 회담에 돌파구를 제공했다. 마침내 4월 18일 '미소공위는 목적과 방법이 진실로 민주주의적이며 또한 모스크바 결정의 조선에 관한 조항의 목적을 지지하기로 선언한 조선의 민주주의 제 정당 및 사회 단체들과 협의'한다는 취지의 미소공위 5호 성명을 공식 발표했다. 그러나 미소공위 미국 대표단은 이미 그 전에 회담 결렬을 예상하고, 내부적 준비를 시작했다.

소련이 양보안을 제출한 바로 이튿날인 4월 6일, 미국 대표단 단장이 미소공위 각 분과위원회 미국 측 대표에게 협의 단체 명단 작성을 준비하라고 지시하고 그 부록으로 '일정표'를 보냈는데, 그 일정표는 5월 5일에서 19일 사이에 '인천 서신'과 비슷한 침투 공작 사례들의 공개를 시작하도록 지시했다.[32] 이 인천 서신이 바로 미군 방첩대가 탈취한 조봉암 사신이다. 주한미군사령부 정보부는 조봉암 사신을 입수하자마자 3월 26일 맥아더 사령부에 편지 내용을 소개하는 급전을 보냈다. 공산당 지도자 박헌영을 비판하는 매우 흥미로운 서신을 탈취했다는 의기양양한 문장으로 시작하는 이 전문은 조봉암의 비판 내용을 요약적으로 제시한 뒤 민전을 구성하는 좌익 정당들이 모두 공산주의자들이고, 또 이들이 이북의 공산당과 긴밀하게 연결되어 있다는 정보 당국의 의심을 이 편지가 확증해 준다고 결론지었다.

미군정 내부 문서들에 따르면 점령 당국은 이 편지를 입수한 뒤 미소공위 경과를 예의 주시하면서 그 활용 시점을 저울질했고,

1946년 3월 20일 덕수궁 석조전에서 열린 1차 미소공위 개회식 모습.
테이블 중앙에 서 있는 이는 미군정의 하지 사령관이며,
테이블 오른쪽에는 소련 대표단, 왼쪽에는 미국 대표단이 앉아 있다.

미소공위가 정회되기 바로 전날 남한 신문들을 이용해 이 서한을 공개했다.

조봉암 사신이 신문에 연재되는 동안 미소공위 휴회, 정판사 '위조지폐' 사건, 여운형 동생 여운홍의 인민당 탈당과 사회민주당 창당이 연이어 발표되었다. 5호 성명 발표 이후 반탁 단체가 대거 협의를 신청하고, 미국이 협의에 참여한 단체들에 '의사 표현의 자유'가 보장되어야 한다고 계속 고집하자 소련 측 수석대표 시티코프는 5월 8일 하지에게 대표단의 철수를 통고했고, 1차 미소공위는 회의 개최 50여 일 만에 양측의 입장 차이만 확인한 채 막을 내렸다. 경찰은 조선공산당 기관지《해방일보》를 인쇄하던 정판사에서 위조지폐가 발견되었다며 공산당 간부와 관련자들을 검거했는데, 피검자들은 시종일관 이 사건이 조작이라고 주장했다. 여운홍의 사회민주당 창당은 여운형을 좌익으로부터 '튕겨 나오게 하기 위한' 미군정의 공작이었다는 것이 정설이다.[33]

조봉암 사신 건을 포함해 이 일련의 사안들은 좌익을 분열시키고 공산당 지도부의 권위를 실추시켜 그 영향력을 약화하려는 뚜렷한 정치적 의도와 목표를 가지고 전개되었다. 이 사안들은 미군정이 미소공위 휴회의 책임을 소련과 좌익에 전가하는 데에도 일정하게 기여했다. 미소공위 휴회를 계기로 이후 미군정은 좌익 탄압을 한층 조직적이고 노골적으로 전개했다. 박헌영 등 공산당 지도부는 공개적 활동을 점차 줄일 수밖에 없었고, 서울 등 도시에서는 미군정과 경찰, 우익 청년 단체의 지원 아래 정회(町會)의 주도권을 과거 일제 강점기에 정회를 주도했던 세력이 다시 가져갔으며, 농촌에서는 미군과 경찰이 하곡 수집을 저지하려는 농민들의 투쟁을 강제적으로 진압해 갔다.

미소공위 휴회는 미소공위 성사를 통한 정부 수립을 갈망하던 한국인들에게 커다란 실망감과 불안감을 안겨 주었으나 그 직접적인 반향은 좌익과 언론에 대한 우익 청년 단체의 공격과 단독 정부 수립 논의의 점화로 나타났다. 미소공위가 휴회한 뒤 5월 12일 독립촉성국민회 주최로 서울운동장에서 독립전취국민대회가 열렸는데 대회가 끝난 뒤 우익 청년 단체 회원들이 트럭 몇 대에 나눠 타고 조선공산당, 인민당, 민전, 전평 등의 정당, 단체 들과 《조선인민보》, 《중앙신문》, 《자유신문》 본사를 습격했다. 1월 이후 주춤하던 테러 행위를 백주 대낮에 공공연하게 자행하고 신문사들까지 습격하여 언론에 재갈을 물리려 한 행위는 사회적으로 비판 여론을 비등하게 만들었고, 러치(Archer L. Lerch) 군정장관이 나서서 재발 방지를 약속할 수밖에 없었다.[34]

미소공위 휴회는 다른 한편 언론과 우익 진영 정치인들의 입을 통해 단독 정부 수립 논의를 불러일으켰고, 하지의 정치 고문 랭던(William R. Rangdon)은 본국에 보낸 「5월 전반기 한국 정세 보고」에서 "미소공위 결렬 이후 단정 수립 가능성이 여론의 광범한 토론 주제가 되었다."라고 적고 있다.

미소공위 휴회 직후인 5월 10일과 11일에 미군정 공보부는 서울에서 미소공위 정회에 어느 쪽이 더 책임이 큰지, 이 일이 향후 한국의 미래에 어떤 영향을 끼칠지 가두 여론 조사를 실시했는데 그 결과가 흥미롭다. 전자에 대해서는 70% 가까이가 소련의 책임이 더 크다고 응답한 반면, 후자에 대해서는 52% 정도가 정치인들을 반성하게 만들 것이고, 좌익 계열 정당과 우익 계열 정당을 통합하게 만들 것이라고 응답했다. 남과 북에 미국과 소련에 의해 단독 정부가 들어설 것이라고 응답한 비율은 15% 정도였다.[35]

미소공위 휴회 이후 한국 사회가 보인 반응은 이른바 해방 정국이라는 소우주가 어떻게 굴러갔는지 압축적으로 보여 준다. 한반도를 점령한 두 강대국은 그들 간의 대립과 갈등을 한국 정부 수립을 둘러싼 방법론과 철학의 차이라고 포장했지만, 그 갈등은 언론을 동원한 공작을 통해 한국 사회에 관철되었고, 또 그것은 한국 사회에 폭력 사태와 여론전을 몰고 왔다. 미군정 공보 기구는 그 결과를 여론 조사로 계측했고, 사령관의 정치 고문은 덤덤하게 단독 정부 수립 가능성이 여론의 토론 주제가 되었다고 본국에 보고했다.

조봉암의 사신 폭로로 시작된 1946년 5월의 남한 정치는 미군정 고위층과 공작원, 한국인 정치인들과 정당·단체, 기자 들이 민중을 둘러싸고 흑막 뒤에서 은밀한 언사를 나누거나 또는 백주 대낮에 노골적인 폭력을 행사하는, 옴니버스와 피카레스크를 종합한 한 편의 희비극을 보여 준다. 그리고 6월 이후 한국 사회의 화두는 좌우 합작이었다.

이승만의 정치 자금

이승만이 미군 사령관 하지 중장의 정치 고문을 지내다 미국으로 돌아간 밀러드 굿펠로(Millard Goodfellow)에게 1946년 8월 5일 편지 한 통을 보냈다. 편지는 미군정 내 친구들이 그가 하루라도 빨리 한국으로 돌아오기를 바란다는 전언으로 시작한다. 심지어 미군정 고문으로 다시 돌아오는 것이 어렵거나 그것이 그에게 자유로운 재량권을 부여할 수 없다면 이승만 자신의 개인 고문으로, 그것은 결국 한국 정부가 수립되면 한국 정부의 고문이 되는 것을 의미하니 그 점도 고려해서 가능한 한 빨리 한국으로 돌아올 것을 결정해 달라고 제안한다. 편지는 미군정이나 이승만이나 굿펠로를 절실하게 원한다는 점을 강조한다. 사설 고문 제안도 흥미 있지만 더 흥미로운 것은 자신이 수령한 1000만 원과 관련해서 이승만이 장황하게 늘어놓은 의미심장한 내용이다. 편지의 3분의 1 이상을 차지하는 그 부분을 그대로 옮겨 본다.

우리의 대의에 1000만 원을 기부한 10인의 자금 지원자들 가운데 몇 사람이 미군정과의 일을 복잡하게 만들어서 그것을 바로잡는 데 꽤 시간을 소비했습니다. 미군정이 내 해명을 어떻게 받아들였는지 모르겠지만 그들은 당신에게 알려 주려고 전문을 보냈다고 말합니다. 나는 그들이 내가 써 준 초안대로 당신에게 전문을 보냈다고 생각하지 않습니다. 그래서 이 편지에 내가 써 준 초

미군정은 1945년 말부터 이승만을 중심으로 우익 세력의 통합을 추구했다.

이런 분위기에서 하지 미군 사령관의 정치 고문 굿펠로는 이승만에게 정치 자금 특혜를 주선했다.

사진은 1945년 11월 28일 미군정 사령관인 하지 중장이 우익 진영의 대표자 격인

이승만(맨 오른쪽)과 김구(가운데)를 면담하고 있는 모습이다. 맨 왼쪽은 이승만의 비서.

안의 사본 한 통을 동봉합니다. 열 사람은 그 돈이 미군정으로부터 온다는 것을 일체 부정하는 기명 진술서를 작성했습니다. 그들이 알고 있는 것은 단지 그들이 제공한 담보로 은행으로부터 2000만 원을 대출받을 수 있도록 당신이 미군정의 허락을 얻어 냈다는 점입니다. 그들은 2년 안에 대부금을 갚고자 합니다. 나는 왜 미군정이 그들에게 '교육 활동'과 민주의원 지원을 위해 총액 2000만 원을 주었는지 모르겠습니다. 어느 누구도 그것에 대해 나에게 알려 주지 않았고, 그 기부자들은 독립이라는 대의를 위한 기부였다고 진술서를 작성했습니다. 당신이 한국에서 출국하기 전에 내가 자필 서명이 들어간 진술서의 확보를 요구했다는 점을 당신은 기억할 것입니다. 나는 그것을 계속 요구했고, 마침내 그것을 확보하게 되어서 기쁩니다. 그들이 은행에서 받자마자 나에게 가져오겠다고 약속한 다른 1000만 원은 어떻게 된 것입니까? 그들은 스스로 그 돈을 두 신문의 발간 비용으로 쓰려고 합니다. 나는 그것을 허락할 수 없다고 처음부터 그들에게 얘기했습니다. 그렇게 함으로써 비록 그들의 이름을 어느 정도 알릴 수는 있겠지만 그 돈을 낭비하게 될 뿐입니다. 하지만 그들은 그 목적으로 사용할 것을 결정했고, 나는 더 이상 얘기할 것이 없었습니다. 미군정이 그들에게 나도 동의했으니 그들의 계획대로 진행하라고 얘기했을 것이라고 생각합니다. 이것은 그저 사소한 사항일 뿐이고, 이에 대해 쓰는 데 많은 시간을 들일 것까지야 없지만 미군정이 세세한 진상을 알고 싶어 하니 이 사항이 현재 어떻게 되

在南朝鮮
大韓國民代表民主議院

Seoul;
August 5th 1946.

Dear Colonel Goodfellow:

We were very happy to receive your welcome letter of July the 8th. Many friends inquire frequently about you and ask how soon you are coming back. They say you have promised to return in two months and I simply smile at them.

As a matter of fact this is the time you are needed most. Gen. Hodge as well as the Koreans need you and your counsel more than ever before, as the situation now is more critical than it was then. It seems our friends here are trying to invite you to come back although no one has informed me of it. It is my earnest desire that you would pack up and take the first plane to come over. If our Am. friends could make it possible for you to come and give us your service I wish you would take that invitation if you think that will be helpful. In case you do not think it will give you a free hand here, you have my standing invitation and come at once as my personal adviser which will mean an adviser to the Korean government when it is set up. Please consider this matter and decide as soon as you possibly can.

Regarding the ten financiers contributions of ten million yen to our cause some of them tried to complicate the matter with the M.G. and I had quite a time in straighten it out. How the M.G. accepted my explanation I do not know but they say that they have wired you for your information. I do not believe they have sent you my wire drafted to be sent to you. I am enclosing a copy herewith. The ten men made a signed statement, denying any knowledge of the money coming from the M.G. All that they knew about it was that you secured permit from the M.G. allowing the bank to furnish a loan of twenty million Yen on the securities they have given. They are intending to pay the loan in two years. I do not see why the M.G. should have given them a sum of twenty million Yen to be used for "educational work" and also for the support of the Democratic Council. At least nobody has ever told me about it and those contributors made a statement black in white that it was their contribution towards the cause of Independence. You will remember that I insisted on having such a signed statement before your departure and I am glad that I did insist upon it until I got it. Now about the other 6m million Yen. which they promised to bring to me as soon as they have received it from the bank, the financiers are going to use it themselves in financing two news papers. At first I told them that I would not approve of it because they would only waste it although that would give their names some publicity. But they were determined to use it for that purpose and I had nothing more to say, I think the M.G. told them to go ahead

이승만이 운산금광 스캔들로 미국으로 돌아간 하지 중장의 정치 고문 굿펠로에게 보낸 편지. 그는 이 편지에서 경제보국회원들에게서 받은 정치 자금 1000만 원에 대해 장황하게 해명하고 있다.

어 있는지 당신에게 설명하려는 것입니다.[36]

복잡한 내용이고, 앞뒤 관계를 이해하려면 긴 설명이 필요하다. 이승만 앞으로 '보고서'라는 제목의 진술서를 작성하고 그것에 서명한 사람들은 민규식, 전용순, 강익하, 최창학, 박기효, 하준석, 공진항, 장준섭, 김성준, 조준호 등이었다. 이승만이 수령한 1000만 원이 마련되고 전달되는 과정을 면밀하게 추적한 연구에 따르면 그들은 모두 대한경제보국회 회원이었고 대부분 자산가였다. 경제보국회는 1945년 12월에 결성되었고, 분명히 부일(附日) 협력했던 경제인이 대거 참여했다. 그들이 내건 창립 목적은 미곡 수집 촉진이었지만 그것은 그야말로 표면적인 것이었고, 실은 보국 기금(輔國基金), 즉 우익 진영의 활동을 지원하기 위한 정치 자금 모집이 경제보국회의 주목표였다.[37]

해방 직후 정치를 이해하려면 무엇보다 정치 자금에 주목해야 한다. 정치 자금의 동원과 흐름은 광장을 가득 메운 격렬한 구호나 거리에 난무한 폭력보다 당시 정치의 본질을 더 적나라하게 보여 준다. 정치 자금처럼 그것이 지향하는 현실적인 목표, 권력의 술수, 또 연루된 인간들의 욕망을 잘 드러내는 것은 없다. 이승만의 편지에서 정치 자금 관련 내용이 눈에 쏙 들어온 이유다.

경제보국회는 경제인들과 미군정, 그리고 이승만의 의도와 이해관계가 맞아떨어져 1945년 12월 조직되었다. 미군정은 식량 위기가 점차 격화하자 이승만이 미곡 수집을 돕는 모습을 연출하여

一金壹千萬圓也

右金額은獨立資金으로進呈함

大韓民國廿八年五月廿四日

閔奎植　孔鎮恒

全用淳　河駿錫

朴基孝　張震爰

崔楠

右七人代表

全用淳　孔鎮恒

李承晩博士 座下

일제에 부역했던 인사들이 중심이 된 경제보국회원 10명은
은행으로부터 특혜 대출 받은 2000만 원 가운데 1000만 원의
정치 자금을 이승만에게 '독립 자금'이라는 명목으로 제공했다.
연세대 한국학연구소 소장

그의 정치적 명성을 제고하고, 그것을 계기로 그에게 경제적 지원을 해 주고 싶어 했다. 그를 중심으로 우익 세력의 통합을 모색하던 때였던 만큼 미군정으로서는 그의 정치적 명성 제고나 그에 대한 경제적 지원이 모두 필요한 시점이었다. 경제보국회에 참여한 자산가들은 우익 진영의 최고 지도자들에게 정치 자금을 제공하여 그 돈을 과거 자신들의 부일 협력 행위를 불식하는 보험료로 활용하고 싶었을 것이다. 또 미군정과 우호적 관계를 유지해 일제가 남긴 적산 불하에 참여하는 등 이권을 확보하거나 미곡 수집과 같이 식량이나 생필품의 배급권과 통제권을 확보하여 이득을 얻을 수 있다는 경제적 고려도 중요하게 작용했다. 1945년 말부터 미군정의 후광 속에서 정계 통합의 핵심 인물로 떠오른 이승만은 정치 자금 확보가 절실했다. 그가 사실상 경제보국회의 결성을 주도했다.

그는 경제인들의 모임을 주선하는 데 앞장섰을 뿐만 아니라 미군정을 통해 조선은행에서 2억 원을 대부받는다는 기금 모집 방안을 제시했다. 2억 원에는 미치지 못했지만 어쨌든 경제보국회는 그가 제시한 방안에 따라 2000만 원을 조선은행으로부터 대출받았고, 그 가운데 1000만 원을 이승만에게 제공했다. 그가 미군정의 후원을 얻고 있는 한 경제보국회 회원들에게 이승만은 그들을 미군정과 연결하는 든든한 고리였다.

미군정과 이승만 사이를 오가며 그가 제시한 기금 모집 방안을 실천에 옮길 수 있게 해 준 사람은 굿펠로였다. 경제보국회가 창립되어 한창 기금을 모으던 시기에 굿펠로의 주선과 공작으로 우

미군정의 정치 고문이었던 굿펠로는 이승만의 개인 고문으로
여겨질 정도로 이승만과 유착했다. 미군정에 그를 고문으로 추천한
이도 이승만이었다. 굿펠로는 이승만 정부에서 한국을 상대로 한
무기 판매 등으로 큰돈을 벌었다. 굿펠로 부부와 이승만 부부.

익의 대표 기구인 민주의원이 수립되었고 이승만이 의장, 김구와 김규식이 부의장이 되었다. 하지만 이승만은 1946년 3월 19일 돌연 민주의원 의장직을 칭병 휴직했다. 여기에는 그 이튿날 미소공동위원회가 시작되는 만큼 그의 반소·반탁 입장을 고려해 민주의원 의장직에서 물러나 있게 하려던 미군정의 배려가 있었고, 더 직접적으로는 이승만이 해방 이전 미국에서 임시 정부 대통령으로 행세하며 미국인 광산업자에게 운산금광 채굴권을 넘겼던 스캔들이 중요하게 작용했다.[38] 굿펠로 역시 이 광업권 매각 스캔들에 연루되어 5월 24일 미국으로 송환되었는데 그가 출국하기 하루 전인 5월 23일 경제보국회는 대부금 가운데 1000만 원을 이승만에게 전달했다.

굿펠로는 이승만을 도와준 미국인 사설 고문단(Kitchen Cabinet) 가운데 가장 중요한 인물이었다. 2차 세계대전 중 미 전략국(OSS) 부국장으로 일했던 그는 해방 전부터 워싱턴의 정가·군부와 이승만을 연결해 주는 구실을 했고, 이승만이 그를 하지의 정치 고문으로 추천해 1946년 초 남한에 들어왔다. 편지에서 이승만은 미군정 정치 고문으로 다시 한국에 오는 것이 불편하면 그의 사설 고문으로 올 것을 제안했지만, 이미 그 전부터 그는 이승만의 고문인지 하지의 고문인지 분간이 안 갈 정도로 이승만과 밀착되어 있다. 이승만의 사설 고문단에 속한 미국인들을 한 사람 한 사람 조사한 미 국무부 정보 보고서는 이승만과 그들을 연결해 준 것은 개인적 이해관계, 즉, 이권이었다고 암시했지만 굿펠로도 예외는 아니었다.[39] 굿펠로는 이승만이 돌아오기를 간절히 원했던 1946년에는 오지 못했지만 한국 정부 수립 뒤에는 한국과 미국을 오가며 한국 정부에 무기, 선박 등 온갖 물품을 파는 중개상이 되었고, 1950년대 한국과 미국 간의 사업 거래에서 가장 성공한 인물이었다.

당시 금융 기관이 2000만 원이라는 거금을 대부한 것은 명백히 특혜이자 불법이었다. 미군정은 금융 기관이 어떤 단체나 개인에게도 총액 10만 원을 초과하여 여신을 확장하지 못하도록 했다. 그러나 경제보국회원 10명은 1명당 200만 원을 대출받았고, 그것은 미군정 최고 당국자의 정치적 결단 없이는 대부가 불가능한 금액이었다. 편지에서도 드러나듯 이승만은 2000만 원을 독점하고 싶어 했고, 돈의 운용도 전결하고 싶어 했지만 여의치 않자 경제보국회를 압박하여 자금의 분배 상황을 진술한 '보고서'를 작성하게 했다.

보고서에 따르면 이승만이 받은 1000만 원 외에 500만 원은 미군정이 발간하던 《농민주보》 지원금으로, 100만 원은 민주의원 지원금으로, 약 200만 원은 독립촉성국민회 등 우익 단체들에 대한 지원금으로 제공되었다. 요약하면 이승만이 적극 개입하여 조성한 정치 자금 2000만 원 가운데 일부는 미군정 통치 자금으로, 일부는 우익 단체의 활동비로 활용되었고, 그 절반이 이승만의 수중에 떨어진 것이다. 위의 편지는 진술서에 서명한 경제보국회 회원들이 2년 안에 대부금을 상환할 것이라고 했지만 그랬을 가능성은 희박해 보인다. 그들은 자신들의 명의로 대출받은 대부금을 자신들을 위한 보험료 내지 투자의 일환으로 간주했을 것이다.

《농민주보》는 미군정이 농민 교화와 계몽을 목적으로 1945년

12월 22일 창간했고, 1948년 8월까지 미군 점령 기간 내내 발행했다. 당시 간행된 신문 대부분이 용지 부족으로 1~2만 부 정도를 발행했고, 많아야 6만 부 정도가 최대 발행 부수였던 것에 견줘 《농민주보》는 창간호로 80만 부를 찍었고, 무료로 농민들에게 배포했다. 1948년 5·10 선거를 앞두고는 발행 부수를 150만 부까지 늘렸다. 《농민주보》의 배급은 주로 미군정 행정 라인을 따라 군수·면장에게 1차로 보급해서 지역의 가구로 배부하거나 각급 학교를 통해 학생들이 가정으로 가져가는 식이었다. 이 신문은 미군정 선전 정책 가운데 가장 큰 비중을 차지하는 매체였고, 미군정이 자신의 정책을 농민들에게 홍보할 수 있는 가장 중요한 수단이었다. 편지에서 언급한 신문과 '교육 활동'은 모두 《농민주보》를 의미했다.

이승만이 헌납받은 1000만 원을 어떻게 사용했는지는 알려져 있지 않다. 사리사욕을 채우는 데 쓰였는지, 그가 장악한 우익 대중 단체들의 활동 자금으로 쓰였는지 알 수 없지만, 그가 받은 1000만 원은 당시 백미 2000석을 시세대로 한꺼번에 구입할 수 있는 돈이었다. 이승만은 위의 편지에서 자신이 1000만 원을 받은 것을 '사소한 사항일 뿐'이라고 말하면서도 경제보국회 회원들의 자금 제공 취지와 동원 과정, 상환 계획, 자금의 용처 등을 시시콜콜하게 기록으로 남겼다. 노회한 이승만은 굿펠로에게 편지를 보냄으로써 이 정치 자금을 자신이 독점으로 사용하지 못한 것에 대한 불만을 미군정에 전달하는 한편, 만일의 사태에 대비하여 자신이 받은 것은 미군정과 상관없이 경제인들이 조성하여 제공한 '독립에 필요한 운동 자금'일 뿐이라는 점을 기록으로 남겼다. 위의 편지를 쓴 때는 미군정이 조심스럽게 좌우 합작 운동 지원을 시작하던 무렵이었던 만큼 의구심이 가득 찬 눈초리로 그것을 지켜보던 이승만은 한층 더 세심하게 증빙 서류를 챙길 필요성을 느꼈을지도 모르겠다.

3장 민생과 민의

북한의 토지 개혁

미·소 양군 사령부가 1946년 3월부터 공식적으로 서신 교환을 시작했다. 양군의 분할 점령으로 중단된 남과 북의 서신 교환이 다시 시작된 것이다. 미군은 북한에서 온 편지들을 배달하기 전에 모두 검열했다. 아마 소련군도 그랬을 것이다. 미군은 자신들이 중개하는 편지들을 통해 38선 이북에서 일어난 일들과 그에 대한 주민들의 반응을 추적했다. 미군은 그렇게 추적한 북한 사회의 동정 가운데 주목할 만한 사항을 주한미군사령부 정보부가 작성한 「일일정보보고(G-2 Periodic Report)」에 매일매일 기록했다. 보고서의 한 항목을 차지한 '인접 지역 정보 요약(Summary of Intelligence in Adjacent Areas)'이 바로 그것이다.

1946년 3, 4월의 '인접 지역 정보 요약'에서 가장 주요한 관심 사항은 단연 북한의 토지 개혁이다. 3월 5일자 167호 보고서가 주한 미군 방첩대의 미확인 보고로 북한 여러 지역에서 지방 인민위원회 위원들이 지주를 쫓아내고 있다는 첩보를 처음 전했고, 3월 14일자 175호 보고서는 북조선 임시인민위원회가 3월 5일 평양에서 개최되

'토지는 농민의 것'이라는 제목의 토지 개혁 선전 포스터.
8·15 해방 1주년 기념 중앙준비위원회에서 발간한
『8·15 해방 1주년 기념 북조선 민주주의 건설 사진첩』에 실려 있다.
왼쪽 상단 태극 마크와 오른쪽 태극기 그림은 38선 이북 지역에서도
1946년 8월까지는 태극기를 공식 국기로 사용했음을 보여 준다.

었고, 소련군 점령 지역에서 일어난 사건 중 가장 혁명적 사건의 하나인 토지 개혁 법령이 발효되었다고 전했다. 보고서는 서울에서 발간되는 《자유신문》 3월 12일자 기사로 소개된 「북조선 토지 개혁에 관한 법령」 전문을 영역해서 첨부했다.

이어서 4월 10일자 198호 보고서는 이북에서 이남으로 보낸 편지 몇 통의 검열 내용을 인용하여 이북 사람들의 토지 개혁에 대한 반응을 가감 없이 전했다.

최근 입수되어 검토된 38선 이북에서 온 여러 통의 편지들에서 가장 많이 언급되는 주제는 토지 개혁 법령의 발효다. 그 법령을 찬양하는 3월 16일자의 한 편지는 "마침내 공산당이 가장 강력한 정당이 되었고, 농민들은 해방되었다. 부자들이 권좌로부터 쫓겨났다. 우리 노동자들은 새로운 자유에 환호한다."라고 적었다. 3월 19일자의 다른 한 편지는 "성취된 것 중에서도 가장 중요한 것은 토지 개혁 법령의 시행이다. 우리 혁명 과정에서 가장 먼저, 그리고 다른 무엇보다 앞서서 이루어야 할 과업이다. 토지 개혁은 어떤 정부라도 피해 갈 수 없는 과제다."라고 했다. 반면 환호하지 않는 사람들도 있다. 38선 이북에 거주하는 한 부유한 조선인은 3월 20일 서울에 있는 그의 아들에게 쓴 편지에서 "지주로서 나는 많은 어려움에 직면해 있으며 어떻게 살아가야 할지 두렵다. 나는 돈도 없고 땅도 뺏겼다. 게다가 그들이 그 법령에 따라 내 집을 몰수한다면 내가 어떻게 살아갈 수 있겠니? 그들은 만약 그 집이 공산주의자의 소유라면 몰수되지 않을 것이라고 말한다. 네가 인민당 당원이니 그들에게 너의 당원증을 보여 주면 인민당이나 공산당이나 도긴개긴이므로 내 집을 몰수하지 않을 것이다. 가능한 한 빨리 이리로 오너라!"라고 말했다.

이북에서 시행된 토지 개혁에 관한 단편적 소식들을 전했을 뿐이지만 이 보고서를 작성한 미군 당국이나 편지 작성자들 모두 토지 개혁이 지닌 역사적 의미, 그것의 현재적 의의와 효과를 당대인의 시각으로 진솔하게 전달한다. 우선 미군은 토지 개혁 법령이 발효되었다는 소식을 접하자마자 주저 없이 그것을 소련군이 북한을 점령한 뒤 일어난 가장 혁명적인 사건으로 평가한다. 편지 발신인 가운데 한 사람도 토지 개혁을 가장 중요한 혁명적 성취라고 지적한다. 다른 한 사람은 농민 해방, 권좌로부터 부자들 축출, 공산당의 가장 강력한 정당으로의 부상을 토지 개혁이 초래한 정치 사회적 효과로 요약했다.

지주로 보이는 한 발신자는 토지 개혁 와중에 서울의 아들에게 편지를 보내 '하루라도 빨리 돌아와서 집이라도 보전하라'고 당부한다. 물에 빠진 사람이 지푸라기라도 잡는 심정이다. 집 한 채라도 건지려는 그의 절박함과 당황감이 편지에 그대로 묻어난다. 아들이 돌아와 집이라도 건졌는지, 인민당(해방 뒤 여운형이 당수로 있던 중도 좌파 계열의 정당) 당원증이 이북에서도 통했는지, '새 시대, 새 사회를 위해 감수해야 할 진통이니 감내하시라'고 아들이 부친을 설

    d. **Secret Organizations** - None reported.

    e. **Mail Interceptions** - No violations reported during the period.

    f. **Telecommunications** - No violations reported during the period.

4. **CIVIL RELATIONS.**

    a. **Disturbances** - No civil disturbances were reported during the period.

    b. **Political Parties and Other Organizations.**

    (1) At PUSAN, the trial of twelve members of the People's Committee who have been arrested on charges of violating Military Government regulations by issuing permits for the transportation and sale of rice within the province of KYONGSANG-NAMDO (See USAFIK G-2 Periodic Report #194) has been postponed as the result of a default on the part of the attorneys for the defense. It is also reported that at the time the trial was scheduled, a petition against the trial being held was presented to American authorities. It was signed by the leaders of nine political and social groups, all satellite organizations of the People's Committee, as well as by the two lawyers who were to defend the accused men. The delegation tendering the petition was headed by YUN, Il, leader of the KYONGSANG-NAMDO People's Committee.

    (2) Also at PUSAN, it is reported that Military Government of KYONGSANG-NAMDO Province has adopted the policy of refusing permission for political meetings to all political organizations that have not fully complied with Military Government Ordinance #55, which requires the registration of all political parties as well as the signature of members. Only one party in PUSAN, the Korean Rehabilitation Committee, a right wing group, is said to have complied to date.

    c. **Korean Press.**

    (1) For the purpose of showing matters of current public interest in KOREA, translations have been made of the headlines of the leading articles of all major newspapers in SEOUL and of the text of the articles considered to be of particular interest. (See Incl #1.)

    (2) A digest has been made by the Department of Public Information, Military Government, of the 9 April edition of leading SEOUL newspapers. The "Press Summary" is attached hereto.

    d. Public Opinion Trends Report #5, a compilation of the results of opinion sampling in all provinces in S KOREA, prepared by the Department of Public Information, Military Government, is attached hereto.

5. **SUMMARY OF INTELLIGENCE IN ADJACENT AREAS.**

    The predominant subject discussed in several letters from N of the 38th parallel, recently obtained through an official exchange of mail between the US and Russian Commands, and examined during the period, was the institution of the Land Reformation Act in North KOREA. One writer, praising the new law, stated on 16 March, "At last the Communist Party has become the strongest political party and the farmers are liberated. The rich men have been deposed from their positions. Our proletariat are pleased with their new freedom. How this bothered the 'rich!'" Another writer said in a letter written on 19 March that "the most important thing that has been accomplished is the enforcement of the Land Reformation Act. In the process of our revolution we must first and foremost achieve this. This land reformation will be inevitable whatever the government may be." On the other hand, there are those who are not quite so exhilarated. One wealthy Korean residing N of the 38th parallel, in writing to his son at SEOUL on 20 March, stated, "As a landowner I am confronted with many difficulties and I am fearful as to how I will exist. I have no money and the land is

득했는지 뒷얘기가 궁금하지만 아쉽게도 이 단편적 사료로는 더 이상 알 길이 없다. 편지 몇 통에 불과하고, 그것도 미군정이 검열 과정에서 주목한 내용만을 파편적으로 전하고 있지만 당시 한국인들이 놓인 역사적 상황과 맥락을 보여 주는 의미심장한 내용이다. 어느 시대가 그렇지 않겠는가마는 특히 해방 직후라는 시기에는 개인의 신상 변화가 나라와 사회의 변화와 직결되어 있었으며 누구도 그로부터 자유로울 수 없었다. 이북의 토지 개혁이 일으킨 반향은 어쩌면 점령기에 미군이 마주한 최초의 '북풍'이라고 할 수 있는데, 그렇다면 미군정은 북에서 불어온 이 바람, 식민지 상태로부터 갓 벗어난 한국 사회를 관통하는 이 역사적 과제에 어떻게 대응했을까?

당시 남한을 오간 우편물을 검열하고 작성한 미군 정보 보고서들은 1946년 3월 이래 남한에서 미군 점령 정책에 대한 불만이 늘어 가는 것을 우려했는데, 4월 13일자 201호 보고서가 발췌한, 서울에서 누군가 38선 이북의 친구에게 보낸 3월 8일자 편지가 그러한 불만의 전형적 사례다.

북조선에서 토지 개혁을 비롯한 정치적 개혁이 이루어지고 있다는 소식을 들었네. 난 그 모든 것들에 관해서 꼭 알고 싶으이. 여기 남조선은 일제하에 있을 때보다 나아진 것이 별로 없다네. 다만 총독부가 군정청으로 바뀌었달까. 심지어 치안마저 일제 때보다 열악하다네.

3월 5일자 정보 보고서는 방첩대가 수집한 첩보의 형식으로 이북에서 토지 개혁이 시작된 정황을 포착했지만 남한 신문에 그 사실이 처음 언급된 것은 3월 12일로 법령 공표 일주일 만이었다. 미군 정보 보고서는 남한 신문 중《자유신문》에 실린 법령 전문을 영역하여 별첨했고, 조선공산당 기관지 격으로 서울에서 발행되던《해방일보》역시 3월 12일 북한에서 토지가 분여되었다는 소식을 전했다.《자유신문》은 평양에서 간행된《조선신문》3월 6일자 기사를,《해방일보》는 북조선공산당 공식 기관지인《정로(正路)》기사를 전재하는 형식으로 보도했다. 남한 신문들은 두 신문의 보도를 시작으로 앞서거니 뒤서거니 이북의 토지 개혁 소식을 기사로 쏟아 냈고, 많은 신문들이 남한에서도 하루빨리 토지 문제를 해결하기를 바란다는 취지의 사설을 실었다. 미군 정보 당국이 발췌한 위의 편지는 발신일이 3월 8일인데, 그렇다면 이미 이남 신문에 보도되기 전부터 이북의 토지 개혁 소문이 남한에 유포되기 시작한 셈이다.

북한의 토지 개혁은 3월 5일 법령 공표 뒤 바로 시작되었고 "토지는 밭갈이하는 농민에게!"라는 구호 아래 한 달이 채 안 되는 기간 안에 신속하게 마무리되었다. 몰수 대상은 일본 국가, 일본인, 그리고 일본 단체의 소유지, 민족 반역자와 월남자의 토지, 5정보(1정보=3000평=9917제곱미터) 이상의 지주 토지였다. 몰수한 토지는 집집마다 가족의 수와 노동력에 따라 분배했다. 토지 개혁의 목표는 봉건적 소작 제도의 해체였고, 5정보 미만을 소유한 지주라도 소작을 주는 토지는 모두 몰수했다. 5정보 이상을 소유한 지주는 토지

뿐 아니라 모든 재산을 몰수한 뒤 다른 지역으로 이주시켰다. 앞서 아들에게 귀가를 요청한 편지 작성자는 아마 5정보 이상의 토지 소유자였을 것이다. 토지 개혁 결과 집집마다 평균 1.63정보(약 4890평)의 땅을 갖게 되었고, 토지 개혁은 북한 당국에 대한 주민의 지지를 확대하고 강화하는 중요한 계기가 되었다.[40]

해방 뒤 봉건적인 토지 소유 제도와 식민지 지주제를 철폐하기 위한 토지 개혁은 편지에서도 지적했듯 어떤 정부도 피해 갈 수 없는 과제였고, 남한의 미군정도 예외가 아니었다. 남한의 모든 당파들 역시 개혁의 대상과 방법에서 차이가 있었을 뿐 한결같이 토지 개혁을 강령이나 정책으로 채택했다. 즉, 과수원과 임야를 포함한 모든 토지를 대상으로 할 것인가 아니면 전답 위주로 농지만을 대상으로 할 것인가, 일본인 기업과 대지주 소유 토지를 대상으로 할 것인가 아니면 한국인 대지주의 토지도 포함할 것인가, 무상 또는 유상으로 몰수할 것인가, 무상 또는 유상으로 분배할 것인가가 쟁점이었지 한반도의 어느 정치 세력도 토지 개혁 자체를 거부할 수는 없었다. 심지어 친일 관료와 지주, 자본가의 정당으로 간주되던 한민당조차 토지 개혁을 주장했고 그들은 '유상 몰수, 유상 분배'를 제시했다.

위의 편지들을 의식한 것인지 모르겠으나 미군정 공보부 여론 조사과는 그해 4월 11일 서울 거주자 398명을 대상으로 가두 면접 형식의 여론 조사를 실시했다. 미군정은 점령 뒤 다양한 방법으로 남조선 주민들을 대상으로 여론 조사를 시행했으므로 이 조사

역사적 토지개혁의 농민 대회 그의二

토지 개혁과 관련한 북쪽의 당시 농민 대회 소식을 전한 사진.
『8·15 해방 1주년 기념 북조선 민주주의 건설 사진첩』 수록.

가 새로울 것은 없으나 보고서 제목과 설문 내용이 흥미롭다. 「서울에서 일본과 소련의 선전 효과」라는 보고서는 제목만으로는 미군정과 일제 총독부 시절, 소련군의 북조선 점령 통치를 단순 비교하는 것처럼 보인다. 설문을 구성하는 비교 항목은 세 나라에 대한 응답자의 주관적 반응과 인식을 묻는 내용이 대부분이고, 시사적인 사안을 반영한 것은 북조선의 토지 개혁에 대해 알고 있는지, 또 미국과 소련 중 어느 나라가 신탁 통치를 더 원하는지 묻는 항목 정도다.[41]

여론 조사, 특히 가두 면접과 같이 일반 대중을 대상으로 한 조사는 일제 강점기에는 없었고, 그 자체로는 미군정이 표방했듯 한국인의 여론을 점령 통치에 반영하는 근대적이고 진일보한 통치 방식이었지만, 이 여론 조사는 표본 추출, 문항 구성 등 조사·취급 방식의 측면에서 어설프기 짝이 없다. 우선 서울 시내 길거리에서 행인 400여 명을 임의로 추출하여 표본으로 삼았지만 같은 서울이라도 도심부의 종로를 거닐던 행인과 변두리인 영등포를 걷는 행인은 그 사회 경제적 지위와 직업이 사뭇 다를 테고, 그들의 정견이나 의식 또한 달랐을 것이다. 또 그들 가운데 농민의 비율이 얼마나 되었는지도 알 수 없다.

더 흥미로운 것은 토지 개혁에 대한 설문과 그 결과다. 설문 내용은 북조선 토지 개혁 법령에 대해 들어 본 적이 있는지, 들었다면 미군정이 이남에서도 비슷한 법령을 실시해야 하는지였다. 전자에 대해 89%가 들어 본 적이 있다고 응답했고, 후자에 대해서 21%

가 '네', 73%가 '아니오', 그리고 6%가 '모르겠다'고 응답했다. 어설 픈 조사지만 토지 개혁에 관한 설문 결과를 놓고 보면 어쨌든 서울 거주자 열에 아홉은 북조선 토지 개혁에 대해 잘 알고 있었으며, 그 렇게 응답한 사람 대부분은 남한에서 미군정이 토지 개혁 법령을 실시하지 않기를 바랐던 셈이다.

이 여론 조사 결과를 어찌 해석해야 할까? 북한 농민들을 환 호하게 만들었던 토지 개혁을 서울 거주자들은 바라지 않은 것인 가? 많은 신문이 대다수 농민의 의사를 반영하여 토지 문제를 해결 하라는 사설을 싣고 있던 상황에서 어떻게 이런 조사 결과가 나왔 으며, 미군정 여론 조사의 숨은 의미는 과연 무엇이었는가?

미군정 농지 개혁의 좌절

미군정은 1946년 4월 38선 이북의 삼호(함경남도 낙원군에 위 치)에 사는 누군가가 이남의 김해에 사는 친구에게 보낸 편지 검열 을 통해 북조선 인민위원회 관리가 소련군의 제재를 받지 않고 자 유로이 이남을 오간 사실을 포착했다. 발신자는 남한에서 생산되는 쌀과 동해 북단에서 잡히는 명태를 교환하자고 제안한다. 편지는 "북조선과 마찬가지로 남조선에서도 쌀의 수출이 금지되었을 것이 다. 그러나 네가 하려고만 하면 방법은 찾을 수 있다. 38선은 처음 우려했던 것만큼 장애 요인이 아니며, 거래만 성사된다면 한몫 잡

미군정 장관 윌리엄 딘 소장이 1948년 3월 22일
농지 개혁 관련 법안에 서명하는 모습.
오른쪽에 민정장관 안재홍의 모습이 보인다.

을 수 있다."라고 적었다. 편지는 제안한 거래에 대해 이러쿵저러쿵 덧붙인 뒤 "이 문제를 생각해 본 뒤 가능한 한 빨리 전보를 보내게. 그러면 삼호 인민위원회를 대신하여 내가 그곳으로 가겠네."라고 결론을 맺는다.[42]

　　1945년 가을 이래 북한의 식량 부족은 매우 심각했다. 남한과 달리 식량의 절대적 부족으로 위기가 초래된 데다 가난한 군대였던 소련군의 식량 반출이 상황을 더욱 어렵게 만들었다. 식량 위기가 심각해지자 미소공동위원회 예비회담을 위해 1946년 1월 서울을 방문한 소련군 대표단은 회담 내내 미군 대표단에 식량 지원을 요청했으며, 심지어 이북으로부터 이남에 제공되는 전력 사용료를 식량으로 대납해 줄 것을 요구하기까지 했다.[43] 위의 편지는 식량 위기가 심각해지자 각지의 인민위원회가 직접 나서서 남한으로부터 쌀 밀수를 시도했음을 보여 준다.

　　그런데 그즈음 북조선의 식량 수급 상황을 전한 또 다른 정보 보고서는 "지금 북조선에서 인민들의 생활은 매우 어렵다. 농민 조합에 의한 쌀의 매입과 판매는 토지 개혁 법령 덕분에 순조롭게 진척되고 있다. 소작농들은 느긋한 반면 지주들과 무직자들은 곤경을 겪고 있다. 현재 식량 배급은 공직자들과 매우 가난한 사람들에게만 이루어지고 있다."라는 소식을 전한다.[44] 식량 위기가 계속되고 있지만 쌀의 공출이 비교적 순조롭게 이루어진 것은 토지 개혁이 가져온 긍정적인 결과라 할 만하고, 토지 개혁으로 농촌의 사회 경제적 관계가 바뀌면서 배급도 빈민과 공직자 위주로 이루어지기 시작했음을 알 수 있다.

북한의 토지 개혁이 이남에 몰고 온 '북풍'에 미군정은 어떻게 대응했을까? 그보다 먼저 확인할 것은 미군정의 토지 개혁 정책이다. 미군정은 진주 직후인 1945년 10월 5일 군정법령 제9호로 소작료 3·1제(소작료를 전체 수확량의 3분의 1 이하로 제한)를 공포하여 식민지 지주제 아래서 고율 소작료에 시달리던 소작농들의 부담을 경감해 주었다. 그것은 조선에서 처음 이루어진 소작료 제한 조치였으나 고율 소작료를 가능하게 한 종래의 봉건적 토지 소유제를 완전히 해체한 것은 아니었다. 미군정은 1946년 2월에는 국무부에서 파견한 경제고문단과 협력하여 일본인 소유 농지를 소작농들에게 유상으로 분배할 계획을 수립했다. 그런데 1947년 10월에 나온 「남조선 경제 상황(The Economic Situation of South Korea)」 보고서는 그 계획이 불발한 사정을 전한다.

일본인이 소유했던 약 50만 에이커의 논과 15만 에이커의 밭을 소작농에게 판매하려던 이 계획은 조선인 부재지주 소유 토지를 포함하는 전체 토지 개혁의 1단계에 해당했다. 이 계획은 광범한 지지를 받았으나 미군정이 몇 차례에 걸쳐 실시한 여론 조사에 기초해서 1946년에 그 실행이 연기되었다. 이 여론 조사에서 한국인들은 한국 임시 정부가 수립된 뒤에 토지 개혁을 실시하는 쪽을 선호하는 것으로 나타났다. 미소공위가 1946년 3월에 개최될 예정이었고, 그 당시에는 한국 정부가 1946년에 수립되리라 기대되었다.

보고서는 미군정도 일본인 소유 농지(귀속 농지)는 물론 한국인 부재지주 소유 농지를 포함한 포괄적인 농지 개혁을 계획했으나 조선인들이 오히려 조선 정부 수립 뒤로 개혁을 미룰 것을 원해 계획이 연기되었다고 주장한다. 이 언술은 부분적으로는 사실을 반영하고, 부분적으로는 시간적 선후 관계의 오류, 사실의 왜곡과 그에 대한 합리화를 포함한다.

미군정은 토지 개혁에 관한 여론 조사를 1946년 3월에서 6월 사이 몇 차례에 걸쳐 집중적으로 실시했다. 첫 번째 조사는 3월 5~11일 서울과 근교 경기도 지역에서 실시되었고, 그 조사 결과를 토대로 3월 12일 「농지 처분, 산업과 기타 자산의 국유화에 대한 조선의 여론」이라는 제목의 보고서를 작성했다. 여론 조사들은 모두 일본인 소유 농지와 조선인 대지주 소유 농지의 처리를 설문 항목으로 제시했다.[45]

그런데 이 여론 조사들은 설문의 내용적 적실성, 추출된 표본의 대표성, 조사 방식의 적절성 등의 측면에서 고개를 갸웃거리게 만든다. 일본인이 소유했던 귀속 농지는 대부분 미군정이 신한공사를 설치하여 관리했고, 그 처분에 관해서는 미군정의 의지가 실질적으로 가장 중요했다. 마찬가지로 귀속 농지를 경작하는 소작농의 견해가 중요했을 텐데 위의 여론 조사들은 정작 그들의 의견은 제쳐 두고 일반인들의 의견을 조사했다. 그것도 서울과 근교의 경기도 지역에서 조사를 벌였는데 당시 서울은 농촌 사회와 사회 경제적 환경이 전혀 달랐고, 따라서 서울과 근교 지역의 주민들이 농촌 사회의 여론을 대표한다고 말하기는 어려웠다.

실제 조사 인원수도 사업가·전문직과 노동자가 농민의 두 배 이상이다. 보고서 작성자는 이를 경기도와 남한의 인구 구성 비율로 보정했다고 적었지만 지역적 대표성과 함께 표본 추출에서 심각한 문제가 있다. 당시 가두 조사의 기술적 한계를 고려하더라도 서울과 근교에서, 또 농민 수의 갑절이 넘는 다른 사회 계층을 표본으로 추출한 이유를 이해하기 어렵다. 주한 미군 사령관 하지 장군도 표본의 대표성 문제를 눈치챘는지 5월 15일자 보고서 여백에 당시 군정장관이었던 러치 소장 앞으로 "러치 장군, 전적으로 농민만을 대상으로 조사를 실시해 볼 것을 제안하오."라는 지시 사항을 적어 두었다.

설문 결과에서 우선 눈에 띄는 것은 귀속 농지나 조선인 지주 소유 농지나 그 처분을 모두 조선 정부 수립 뒤로 미루자는 의견이 60% 안팎으로, 미군정 아래서 매각하거나 무상으로 분배하자는 의견보다 훨씬 더 많았다는 점이다. 여론 조사들에서 표본의 다수를 점했던 서울과 근교의 사업가·전문직의 경우 토지 개혁과 직접적 이해관계가 없었거나 오히려 토지 개혁을 반대하는 부재지주일 가능성이 더 많았다. 게다가 식량 정책 등 미군정 경제 정책의 거듭되는 실수로 인해 미군정에 대한 불신이 한껏 증폭되었던 사정과, 농민의 경우에도 미군정하에서 처분된 농지가 조선 정부 수립

15 May 1946

MEMORANDUM FOR GENERAL LERCH:

SUBJECT: Korean Public Opinion on the Disposition of Farmlands.

Reference: Request dated 15 May for new opinion sampling survey on Sale of Jap Land and Sale of Korean Land of Large Land Owners.

1. The following figures as yet unreported, have been compiled from presently available reports of surveys taken throughout South Korea during the past two weeks by interviewers of the Opinion Sampling Section. For purposes of this survey, the population was divided into two classes, farming and non-farming. 492 (67%) members of the farming population and 246 (33%) of the non-farming population were interviewed.

Question #1. Which policy do you favor in reference to the disposition of formerly Japanese-owned farmlands?

a. Given to the tenant farmers by Military Government...152 (20.6%)
b. Sold to the tenant farmers by Military Government...162 (22.0%)
c. Maintain as is for a Korean government
   to decide later....................................424 (57.4%)
                  738 (100.0%)

Question #2. Which policy do you favor in reference to the disposition of those farmlands owned by large Korean landlords?

a. Given to the tenant farmers by Military Government...120 (17%)
b. Sold to the tenant farmers by Military Government....146 (19%)
c. Maintain as is for a Korean government
   to decide later....................................472 (64%)
                  738 (100%)

2. Evaluation. The results of this particular survey, conducted as part of the opinion trends survey submitted each week by the interviewers of this section, are consistent with the results reported during previous weeks. The percentages have remained practically the same since the original survey run on this subject on 12 March 1946. At that time, 67.2% (a weighted figure representative of the total population) indicated a desire for the land to be held by Military Government and turned over to the first Korean government established. This consistency leads one to believe that the surveys are an accurate reflection of public opinion on this question. In order further to verify these findings, however, a much larger sampling of public opinion, both in Seoul and in the provinces, is being taken. This survey will be based on several thousand interviews and will be statistically refined by economic class so as to accurately represent the total population.

Gen Lerch –
I suggest a poll exclusively
among farmers – Joats

GLENN NEWMAN
Colonel, CAC
Director

미군정은 남조선 토지 개혁에 대해 여러 차례 여론 조사를 실시했다. 그러나 여론 조사 지역이나 대상이 편중되는 등 객관성을 상실했다. 위는 여론 조사 내용을 담은 보고서(1946. 5. 15)로 하단에 하지 사령관이 "농민만을 대상으로 조사를 실시해 볼 것"을 제안하고 있다.

후에 어찌 될지 모른다는 불안감이 가세했을 것을 참작하면 이러한 결과는 능히 예상할 수 있는 것이었다.

참고로 조선신문기자회가 1947년 7월 초순 서울 시내 중요 지점 10곳에서 행인 2459명을 상대로 실시한 여론 조사 중 토지 개혁 방식을 묻는 항목에 대해 유상 몰수 유상 분배가 17%, 무상 몰수 무상 분배가 68%, 유상 몰수 무상 분배가 10%, 기권이 5%였다. 미군정의 1946년 3월 12일자 조사에서 일본인 소유 농지의 무상 분배를 원한 비율은 14.5%였다. 1년 뒤 시점인데 정반대의 결과가 나왔다. 여론 조사 주체, 또 문항 설계에 따라 조사 결과가 요동치고 있는 것이다.[46]

미군정 공보부 여론조사과의 리처드 로빈슨 대위는 이미 4월 초에 앞의 여론 조사 결과를 예측하면서 토지 개혁을 연기할 것을 제안하는 보고서를 상부에 제출했다. 이 보고서의 제목은 「38선 이남의 일본인 소유 농지 매각령에 대한 예상 가능한 반대」(1946. 4. 7.)인데, 제목부터 남조선 주민들이 미군정의 일본인 소유 농지 매각에 반대하리라는 점을 예측해서 작성되었고, 그렇다면 그 뒤 수차례에 걸쳐 실시한 여론 조사는 미군정이 예측한 결과를 확인하는 것에 불과했다.[47]

보고서는 조선의 모든 정당, 정파가 토지 개혁의 절실한 필요성에 동의한다는 점으로부터 논의를 시작한다. 그 이유는 "봉건적 상태에 있는 조선이 동시에 민주주의 국가가 될 수 없음은 자명한 진실"이기 때문이다. 그러나 목적은 매우 고상하지만 미군정이 토지 개혁을 시작하기에는 여러 가지 반대 요소들이 있고, 장래 조선 경제의 구조를 구축할 중요한 결정을 시행하기 위해서는 최소한 하나의 중요한 대안을 고려해야 한다고 주장한다. 반대 요소 중 첫째는 군정이 미래의 조선 정부에 소작농들이 경지를 매각하도록 의무를 지울 권한을 가졌는가 여부였고, 다른 하나는 최근 가뜩이나 미군정의 권위가 실추되고 있는데 분배해야 할 토지의 산정부터 최종 분배에 이르기까지 누가 그것을 주도할 것이며, 판정에 불만을 품은 자들이 소송을 제기하면 어떻게 감당할 것인가 등 실제 분배 과정에서 일어날 복잡한 문제들의 관리였다. 하나는 법적 문제였고, 다른 하나는 미군정이 개혁을 실시했을 때 장래에 일어날 문제였다. 그러나 정작 미군정이 토지 개혁 실시를 주저하고 연기한 보다 현실적인 이유는 또 하나의 요소인 조선인들의 반응 때문이었다.

이 보고서는 일본인 소유 농지의 방매를 미군정이 할 것인가 조선 정부가 할 것인가를 물었던 3월 12일자 여론 조사 결과 일제에 비해 미군정이 더 낫다는 여론이 절반을 겨우 넘긴 51%에 불과하다는 사실, 또 응답자 중 55%가 미·소 양군 철수를 원한다고 했던 3월 하순의 조사, 양군이 철수하면 내전이 발생할 것이라고 생각하면서도 42%가 양군의 즉시 철수를 원한다는 더 당황스러운 사실 등 당시 남한의 여론 동향을 들며, 미군정 및 미군정 정책의 안정성과 지속성에 대한 신뢰가 매우 저조한 상태이고, 특히 최근 조선이 공표한 토지 개혁 법령에 비추어 남조선에서 미군정이 실시하려는 장기 분할 상환 방식의 유상 매각 방안이 바람직하지 않고 인기가 없을 것이라는 점을 토지 개혁 연기가 필요한 주요 이유로 제시했다.

미군정 내 자유주의적 개혁론자로서 부임 이래 계속 토지 개혁을 주장했던 점을 고려하면 로빈슨의 이 보고서는 매우 이례적이고, 다른 한편으로 미군정이 토지 개혁을 연기할 수밖에 없었던 실제 사정을 드러낸다. 로빈슨은 토지 개혁의 정치적 효과를 강조하며 토지 개혁이 없으면 남조선의 민주화도 없다고 주장했지만, 이 보고서를 작성할 무렵에는 미군정이 구상했던 일본인 농지 처분 방안을 연기하고, 대신 미래에 조선 정부로 하여금 정부 수립 후 곧바로 토지는 밭갈이하는 농민에게 줄 것이라고 선언하게 만드는 것이 유일한 대안이며, 그 조치만이 급진 좌파들의 선동을 방지하고 민주주의에 필수적인 중산층을 만들어 낼 것이라고 단언했다.

로빈슨이나 조선인 정당, 정파 모두 일제의 식민지 상태에서 갓 벗어난 한국 사회가 새로운 민주주의 사회로 거듭나려면 봉건 상태로부터 해방되어야 하고, 그 첫걸음은 토지 개혁이라는 것을 인정했다. 그러나 그것을 절실히 원하는 농민의 바람과 상관없이 점령 당국은 정치적 효과를 고려하며 그 실시 시기를 저울질했다. 미군정의 토지 개혁 정책은 결국 점령 말기인 1948년 3월 신한공사가 소유했던 일본인 소유 농지만을 그것을 경작하던 소작농들에게 15년 분할 상환 방식으로 유상 매각하는 데 그쳤다. 미군정은 토지 개혁의 중요성과 긴급성은 잘 알았지만 지지 기반이 되었던 조선인

지주층을 급속하고 철저하게 해체해야 할 이유나 그러려는 사명감이 없었고, 식량 위기로 미군정에 대한 신뢰와 인기가 극히 저조한 상태에서 북조선의 급진적 개혁과 대비되는 온건한 개혁책을 실현할 수 있는 기회와 동력을 마련할 수 없었다.

귀환 동포들의 주거권 투쟁

1946년 9월 21일 신당정, 앵구남정, 남무학정, 동사헌정에 거주하던 주민 수백 명이 연명으로 미군 사령관 하지 장군에게 절절한 탄원서를 보냈다.

각하, (전략) 경기도 재산관리처의 니스벳 소령이 갑자기 10월 1일까지 현재 우리가 거주하는 주택의 명도를 지시한 것을 거두어 주시기를 간절히 호소합니다. 우리는 이 명도령에 당황하고 있고, 또 이것이 귀하의 승인하에 발부된 것인지 의아해하고 있습니다. 그래서 감히 이 사안을 각하에게 직접 전달하려고 합니다. 곧 추위가 닥칠 텐데 지금 이 계절에 청천벽력과 같은 소식을 듣고 노인과 어린이, 가녀린 부녀자 들은 어쩔 줄을 몰라 하고 있습니다. 우리는 당신의 동료 군인들이 우리 동네에 같이 사는 것을 달갑지 않게 여기는 것이 아닙니다. 당신네 미국인들에게 땅을 내놓

해방 이후 해외에서 돌아온 귀환 동포들은 주택난과 식량난 등
민생고에 시달려야 했다. 사진은 1948년 5월 28일 만주에서
인천으로 돌아온 한국인 소녀 한 명이 인천에 세워진 귀환민 수용소에
들어가기 전에 머리 소독을 하는 모습이다. 귀환선은 엄격한
방역 절차를 밟고서야 상륙할 수 있었고, 귀환자들은 방역 사업의
1차 대상이 되었다.

지 않으려는 것도 아닙니다. 하지만 이곳의 거주민들이 모두 이미 너무 많은 고통을 받고 해외로부터 돌아왔고, 지금 양식 걱정과 입을 옷이 없어 고통을 받고 있는 것 또한 사실이 아닙니까? 우리는 이 불쌍한 영혼들이 살 집도 없이 어떻게 될지 말로 다 표현할 수가 없고, 또 그들을 위해 어떻게 해야 좋을지 정말로 모르겠습니다. (중략) 이 문제를 재고해 주시고, 귀하의 권한으로 이 명령이 가능한 한 빨리 철회될 수 있도록 해 주시기를 간절히 비나이다.

'앵구남정(櫻丘南町)'은 한자어 그대로 '벚나무 언덕 남쪽 거리'인데 일본인들의 작명법에 따라 지어진 동네 이름이었다. 해방 이후 동명을 개정하면서 왜색이 짙다고 생각했는지 앞 글자 하나만 살짝 바꾸어 청구동(靑丘洞)이 되었다. 이 편지가 작성되었을 당시에는 그대로 옛 지명을 쓰고 있었다. 앵구정은 일제 강점기에 경성의 확장과 더불어 교외 지역에 개발업자들이 이른바 '문화 주택'을 만들어 분양할 때 생긴 동네로, 동양척식회사의 자회사인 조선도시경영주식회사가 신당리 지역에 개설하여 1932년 8월에 분양을 개시한 신흥 주택 단지였다.[48] 언급된 지명들은 순서대로 현재의 서울 신당동, 청구동, 흥인동, 장충동 1가에 해당하며, 장충단 공원 동쪽과 북쪽에 위치한다.

이 청원서는 한국어로 남아 있지 않고 타자한 영문 번역문 한 장이 남아 있다. 영문으로 작성해서 보냈을 수도 있다. 첨부한 나머지 43장은 모두 미농지를 세로 상하단으로 나누어 동사헌정, 신당정 주민들이 자신의 이름과 주소를 촘촘하게 적고 도장이나 지장을 찍은 연명부다. 한 장당 적게는 10명 남짓, 많게는 24명까지 날인했으니 일일이 세어 보지 않았으나 600명은 훌쩍 넘는다. 본문에 나와 있는 앵구남정, 남무학정의 연명부는 남아 있지 않다. 이 지역에는 일제 강점기에 개발되어 일인들이 거주하던 번듯한 '문화 주택'이 많았고, 그것들은 해방 이후 일인들이 떠난 뒤 적산 가옥(일제 강점기에 일본인 소유였다가 해방 뒤 미군정에 귀속된 주택)이 되었다.

이는 해방 직후의 주택난과 미군정 주택 정책의 난맥상을 보여 주는 일회성 사건으로 볼 수도 있으나 사실은 귀환 동포들이 고국 정착 과정에서 겪는 간난신고를 상징하고, 이 지역에서 상습적으로 일어났던 일이다. 약 10개월 뒤인 1947년 7월 이 지역에서 적산 가옥 거주민들이 미군의 명도령에 불응하는 군중 행동을 일으켰는데 이 진정서는 그 사건의 전조였던 셈이다. 왜 1년도 안 되는 기간 동안 같은 지역에서 주민들이 미군정의 퇴거 명령에 집단적으로 불복하는 사건이 연이어 일어나고 심지어 대규모 군중 행동으로까지 번졌으며, 귀환 동포 또는 전재민과 적산 가옥은 어떤 관계가 있는 것일까?

1947년 7월 신당동 주민의 거주권 수호 투쟁에 대한 도하 각 신문의 보도를 종합하면 신당동 일대 적산 가옥에는 그 전부터 이들 가옥을 미군 숙소로 사용하기 위한 퇴거령이 자주 내려와서 주민들에게 불안감을 주었다. 그러던 중 6월 28일 돌연 주택 명도 통지를 받은 주민들이 이에 반대하는 의사를 표시하는 동시에 7월 11일 주민 연서로 하지 사령관, 안재홍 민정장관, 서울시장 등에게 진정서를 제출하여 재고와 선처를 요망했으나 7월 17일까지 철거하라는 최후 통고가 내려왔다. 그러자 주민들은 집집마다 "주택 강탈 결사 반대, 주택 강제 명도 결사 반대"라고 영문과 국문으로 써 붙이고, 관공리는 물론 회사 공장에 근무하는 자들과 소학생부터 대학생까지 출근 또는 학업을 중지하고 문패는 물론 주소패까지 철거하고 결사적 사수 농성을 기약했다.

드디어 7월 15일 명도를 집행하려고 왔던 미군은 주민의 결사적 반대로 목적을 달성하지 못하고 퇴각했다가 이튿날 다시 헌병(MP)을 출동시키는 동시에 조선 순경 약 200여 명을 무장 출동시켜 명도를 집행하려고 했다. 이 또한 주민의 강력한 반대로 실패했다. 계고장을 받은 호수는 대체로 600여 호, 거주 세대는 1800여 세대, 연판장 서명인은 8000여 명이었다. 평균적으로 집 한 채당 3세대가 거주한 셈이고, 계고장을 받은 세대뿐 아니라 언제 계고장을 받을지 모를 다른 적산 가옥 거주자들도 광범하게 참여했음을 알 수 있다. 주민들은 서민층이었고, 미군 당국에서는 그들을 하남동과 신촌으로 이주시킬 계획이라고 했으나, 인근에 생활의 근거를 가진 사람들이 그렇게 멀리 떨어진 곳으로 가게 되면 생활의 기반을 파괴당하는 것이라 하여 전 동민이 일치단결해 명도를 거절한다는 강경한 의사를 견지했다.

주민들은 이것이 거주권의 자유를 침해한다고 주장했고, 이미 합법적으로 모든 수속을 하고 입주한 데다 자녀 교육을 위해 부근에 학교, 유치원, 교회 등을 부설하고 근 2년을 생활해 왔는데 돌연 명도하라고 하는 것은 부당하다며 명도를 거부했다. 여기에는 근처 신당중앙시장과 같이 암시장을 생활의 기반으로 삼았던 사람들이 많았는데 그들에게 다른 지역으로 옮겨 가 살라고 한 것은 거주권뿐 아니라 생존권도 위협한 조치였다. 7월 16일자 《독립신문》은 농성에 참가했던 한 주민의 인터뷰를 실었는데 그의 육성을 들어 보자.

조선의 소위 적산이라는 것은 일제가 36년간 조선 민족의 고혈을 착취한 유물(遺物)인 만치 적국이 아닌 조선에 있어서 일인이 남기고 간 재산을 조선의 입장에서는 적산이라고 보는 것은 정당할 것이나 연합국에서 이것을 적산으로 취급할 이유는 없는 것이다. 우리 해방의 은인인 미국 군인의 주택에 대하여는 우리가 힘 자라는 대로는 협력하는 것이 당연하나 들은 바에 의하면 금번 미군의 주택 1호에 150만 원의 예산과 동민이 이주할 가옥 건축비로 매호에 수만 원씩을 계상했다 하니 이 금액으로 적당한 장소에 미군 주택을 신축했으면 우리의 주택을 뺏지 아니하더라도 넉넉히 될 수 있을 것이며 양쪽이 편할 일인데 기어이 민중의 원성을 사 가면서 무모한 일을 감행하는 정책은 이해할 수 없다. 하여튼 수천 명의 사활 문제인 만큼 만일 타당한 해결이 없는 때에는

일대 불상사가 일어날는지도 모르는 일이다.[49]

수천 명의 주민이 운집하여 퇴거 명령을 집행하러 온 미군 헌병과 경찰을 쫓아낸 데다 16일에는 양측의 충돌로 부녀자를 포함해 주민 50여 명이 부상당하는 일까지 일어나자 이 사태는 남한 사회의 여론에 불을 지폈다. 맹렬한 반대 운동과 이를 동정하는 인근 적산 가옥 주민들의 호응으로 동정 여론이 점차 확대되자 공보부는 17일 재조사를 위해 명도령 '집행'을 철회한다고 발표했다.[50] 이 사건이 사회 문제로 확대되고, 한국 사회의 여론이 들끓자 18, 19일 한독당, 근민당, 한민당, 사민당, 조선공화당, 천도교청우당, 신진당, 대한독립촉성국민회, 신한국민당, 민주한독당, 민주독립전선 등 16개 정당 사회단체가 회의를 거듭했고, 20일 "일개 국지적 사건이지만 현재 소위 적산 가옥에 입주한 빈민이 기십만에 달하고 있는데 그들에게 주거의 안정감을 주지 않고 반면 항상 철거의 철퇴가 위협하고 있다. 최근의 적산 불하 문제로 서울 시내 6만 호를 비롯한 남조선의 무수한 세궁민이 강제 철거의 운명에 당면하고 있는 이때 미군 및 군정 당국은 전면적으로 이를 신중 고려하여 이러한 민족적 사회적 불상사가 발생치 않도록 절실히 요청한다."는 취지의 공동 성명서를 발표했다.[51]

해방 이후 일본, 중국 관내 지역과 만주 등 국외에서 귀환 동포들이 쇄도하고, 또 38도선 이북에서 내려오는 월남민도 점차 늘어 가자 남한 사회는 민간 차원에서 각종 원호 단체들을 조직하

Sept. 21st, 1946.

Subject: A Petition.

To: Lt. Gen. John R. Hodge,
     Commander General,
     U.S.Army in Korea.

Honored Sir:

We, the residents of Sindang-jung, Aynggunam-jung,
Nammuhak-jung, Dongsahanjung, Seoul; with our hearty apprecia-
tions for your friendly works for Koreas' sake; beg leave to
appeal to you that we are unexpectedly instructed by Major
Nisbbet of the Kyunggi Do Property Custody Office that we are
to live in above mentioned locations no longer than October
the first.

Yet, we are puzzled and cannot help wondering if
this notice is issued under your approval; so that we are now
taking liberty to bring the matter directly in your presence.

At this junction of season that frost-biting
weather is never at hand, on receiving such a thunder-like
instruction, the aged and youngsters and feeble women folks
are in a loss of what-to-do.

We do not mean to unwelcome your companies come
to reside among us; nor to refuse to give ground to your folks,
but is it not true that most of the residents in these parts
are from abroad, who have suffered too much already; not only
in anxiety for their food but also they have nothing to wear on
for the weather? We cannot find word to express what would
become of these poor souls without home to live in, and we are
really at a loss of what to do for them.

We believe that your are quite able, with
materials, mechanics, machines and transporting means, to have
new buildings constructed in a brief of time.

Would there be any further favorable design of
our deliverance from this dreadful question of this day!
Pray be so good to take this matter once more in your considera-
tion and favor us with your authority to have the order altered
at your earliest convenience.

With great many appreciations in advance,

We are,

The whole residents of
Sindang-jung,
Aynggu-nam-jung,
Nammuhak-jung,
Dong-sahoun-jung,
Seoul.

1946년 9월 신당동과 청구동 일대 주민들이 하지 미군 사령관에게 보낸 탄원서.
미군은 일본인들이 남기고 떠난 이 일대 적산 가옥을 숙소로 삼겠다며
이미 거주하고 있던 주민들에게 퇴거 명령을 내렸다. 이듬해 미군이 주민들을
강제로 내쫓으려 하자, 7월에 주민들은 이를 거부하고 미군과 경찰에
집단으로 저항했다.

서울 신당동 일대 주민들이
하지 중장에게 보낸 탄원서에 첨부한 서명 원부.

여 그들에게 필요한 구호와 원조를 제공했으나 쏟아져 들어오는 이들을 감당하기에는 역부족이었고, 이것이 '동포애'로 해결할 수 있는 문제는 더더욱 아니었다. 가장 긴급한 것은 그들을 먹이고 재우는 문제였고, 다음으로 그들 스스로 호구책을 마련할 수 있도록 도와주는 일이었다. 그들 가운데 다행히 돌아갈 고향이 있거나 부쳐 먹을 땅덩이라도 있는 사람은 그리 많지 않았고, 대부분이 서울 등 대처에 집거하며 생활 수단을 마련할 수밖에 없었다. 그런 사람들이 서울, 부산, 대구, 인천 등 큰 도시마다 넘쳐 났다. 그러자 일본인들이 남기고 간 적산 가옥에 그들을 수용하여 귀환 동포와 전재민, 실업자의 주택 문제를 해결해야 한다는 여론이 비등했고, 미군정도 그러한 여론을 무시할 수 없었다.

　　미군은 진주 직후인 1945년 9월 25일 법령 2호로 일본인 사유 재산을 조선인이 구매할 수 있게 허가했으나 일인 재산을 몰수하여 조선 정부가 수립될 때까지 이를 공정하게 관리해야 한다는 조선인들의 주장이 비등하자, 1945년 12월 6일 다시 법령 33호로 일본인의 모든 재산을 군정청으로 귀속시켰다. 이에 따라 그간 체결된 일본인 사유 재산에 대한 매매 계약도 모두 무효화되었다. 미군의 적산 관리 정책이 혼란스럽게 오락가락하는 동안 조선인 모리배들이 적산을 사유화하거나 점유하는 행위가 속출했고, 적산 가옥과 적산 기업은 미군과 결탁한 모리배들의 놀이터가 되어 갔다. 어쨌든 법령 33호에 의해 한국인들은 미군정청 등 행정 기관으로부터 적산 가옥을 임대할 수 있게 되었고, 신당동 거주민들 역시 임대료를 내고 적산 가옥에 세를 들었다.

　　그러나 신당동 사건이 보여 주듯 합법적으로 수속을 마치고 적산 가옥에 입주한 사람들도 거주권을 제대로 보장받지 못한 채 언제 명도령이 나올지 전전긍긍하는 상황이었다. 일본에 잔류한 조선인들이 점령의 장기화로 자신의 지위가 불안해지는 것을 지켜보며 호구책을 위해 암시장으로 발걸음을 옮겼다면, 한국으로 돌아온 귀환 동포는 자신과 식구들이 몸뚱이 하나 눕힐 공간을 지키기 위해 미군 사령관에게 연일 탄원서를 작성해 보내야 했다. 귀환 동포와 전재민들에게는 그들의 정착을 도와줄 체계적이고 종합적인 대책이 필요했으나, 점령 당국은 부두와 임시수용소에서 그들의 몸에 하얀 디디티(DDT) 가루를 뿌리거나 수용소에 있을 동안 먹을 양식을 주고, 몇 푼 안 되는 현금을 쥐여 준 것이 다였다.

　　적산에 대한 미군 당국의 정책과 대응에서 보듯이 미군 당국이 조선 사회가 부딪힌 문제들을 해결할 수 있는 구체적인 정책도 제시하지 못하고 사태를 제대로 관리하지도 못하는 가운데 귀환 동포들은 꿈에 그리던 고국에서 거주권도 보장받지 못한 채 오히려 군정 관리나 경찰의 부정·부패, 모리배의 발호가 조장되는 현실을 지켜보아야 했다.

일제 강점기 일자리를 찾아 농촌에서 서울로 올라온 사람들은
산기슭이나 하천변 등에 임시로 지은 토막에서 비참하게 지내야 했다.
가마니로 둘러친 토막의 모습. 『일제 침략 아래에서의 서울』(서울시, 2002) 수록.

일제 강점기 서울 남산 일대에는 일본인들이 주로 살던 신식
'문화 주택'이 많이 들어섰다. 식당과 욕실, 화장실을 실내에 둔 문화 주택은
당시 최고급 주택이었다. 사진은 일제 강점기 남산 아래 회현동 부근의
주택 단지.『일제 침략 아래에서의 서울』수록.

1946년의 식량 위기

1946년 봄에 식량 부족 사태의 책임을 물어 해당 부서 관리의 목숨을 위협하는 협박 편지 한 통이 미군 정보 당국의 서신 검열 과정에서 발견되었다. 아래 내용은 서울 욱정(旭町), 현재의 회현동 1가에 살던 강철봉이 서울시 군정청 농상공부 부장에게 부친 3월 26일자 편지 일부다.

식량 문제와 관련해 한 가지 제안을 하고자 하오. 당신은 쌀 부족으로 인해 서울 시민들이 일주일 이내에 전부 굶어 죽게 생겼고, 그리고 그것이 전부 당신 때문이라는 것을 알고 있는가? 최고가격제를 철폐하고, 쌀을 매점매석한 자들이 감춰 둔 쌀을 내놓게 하시오. 그렇게 하면 사람들이 일주일 안에 자유롭게 쌀을 얻게 될 것이오. 당신의 결정을 라디오 방송으로 알리시오. 그렇게 하지 않으면 당신과 당신의 가족들은 죽음을 면치 못할 것이오. 나는 당신 주소를 잘 알고 있소. 당신도 잘 알고 있듯이 우리 3000만 동포는 하나같이 나처럼 쌀을 배급받기를 원하고 있소. 심지어 일제 치하에서도 최고가격제가 발효되자마자 나는 1939년 4월 하순 이래 매일 정량의 쌀을 배급받았소.[52]

1946년 3, 4월 식량 위기가 절정에 달했다. 전국 각지에서 점령 당국을 향해 식량 배급을 요구하는 시위가 끊이지 않았고, 서

1945년 가을 풍년을 기록했으나 이듬해 초부터 전국에서 쌀값이
천정부지로 뛰고 돈이 있어도 구하지 못하는 '풍년 기근'이 발생했다.
미군정이 도입한 '미곡 자유 시장'제와 최고가격제에 편승한
모리배들의 매점매석이 가장 큰 원인이었다. 사진은 1946년 7월 6일 밤
굶주린 군중들이 부산의 식량배급소에 난입한 장면.

울, 부산, 대구, 광주, 대전 등 시·도별로 각 동 회장(일제 때의 정총대(町總代))과 정당 사회단체 대표들이 모여서 식량긴급대책회의를 조직하는가 하면 심지어 굶주린 사람들이 직접 식량 창고를 습격하는 사태가 빈발하는 등 그야말로 민심이 흉흉했다. 흉흉한 민심을 고려하더라도 위의 편지는 한편으로는 험악하고 다른 한편으로는 절박하다. 편지는 담당 관리에게 목숨 내놓고 일하라고 공공연하게 협박하고 동시에 식량 위기로 아사자들이 속출할 것이라고 경고하며, 또 조속한 쌀 배급을 서울 시민뿐 아니라 3000만 동포 모두가 원하고 있다며 절박함을 감추지 않는다.

식량 부족 사태는 갑자기 닥친 것이 아니었고, 점령군 당국도 사태를 잘 알고 있었다. 편지 검열을 담당한 미군 민간통신첩보대의 2월 하순 보고서는 쌀 부족 현상에 대한 불만이 계속되고 있으며, 보통 사람이 생존하기에 충분한 쌀을 얻을 수 없음을 불평하고 많은 사람이 기아 상태에 있음을 말해 주는 여러 통의 편지를 검열했다고 적었다. 서울 신설정에 사는 이상호가 2월 18일 자유신문사에 보낸 아래 편지는 그 전형적인 사례다.

심지어 일제 통치하에 있을 때도 우리는 하루에 1파인트의 쌀을 배급받았다. 그러나 이제 조선은 해방되었다. 작년에 충분한 쌀을 수확했음에도 불구하고, 사람들은 쌀을 구할 수가 없고 기아선상을 헤매고 있다. 우리가 목숨을 부지하려면 최소한 일본인이 우리에게 배급하던 쌀의 절반은 주어야 한다. 정치가들은 이 상황에

도대체 무관심하다. 우리는 그들이 어떻게 살고 있는지, 또 어떻게 식량을 확보하고 있는지 궁금하다.[53]

1파인트는 두 홉 반 정도의 분량이다. 이 보고서가 아니더라도 미군정 정보 보고들은 이미 2월 초부터 서울의 쌀 부족 사태가 심각하며 모든 신문이 군정의 우유부단한 정책을 공개적으로 비난하고 있다고 연일 경고음을 냈다. 앞의 편지는 식량 위기가 실무 담당자 때문에 초래된 것처럼 쓰고 있지만 아마 편지 작성자도 그것이 실무자의 태만과 부주의로 빚어진 일이 아니라는 것을 잘 알고 있다.

그는 식량 부족 사태의 원인으로 쌀의 매점매석을 꼽고, 사재기로 사라진 쌀이 풀린다면 당장이라도 사태가 해결될 것이라고 진단한다. 편지들은 식량 부족 사태와 관련해 점령군이 취한 대책 또는 무대책에 대해 노골적인 불신을 드러내고, 두 편지 모두 미군의 점령 통치가 일제 때보다 못하다고 야유한다. 뒤의 편지는 정치가들의 무관심을 힐난한다. 심지어 민간통신첩보대의 보고서는 편지 검열 업무에 필수적인 한국인 직원들조차 쌀을 구할 수 없는 어려움을 호소하면서 2월 26일 첩보대장에게 편지를 보내 월말까지 쌀을 구해 주지 않으면 다른 직장을 알아볼 수밖에 없다고 얘기했다는 사실을 적었다. 식량 부족 사태는 군정 기구를 유지할 수 없을 정도의 위기 상황을 초래했고, 미군의 점령 통치는 남한 진주 이후 최대 위기에 봉착했다.

위의 편지에도 나오지만 필자가 젊은 시절 조모와 나눴던 대화를 떠올리자면 해방된 해는 대풍이었다고 한다. 당시 신문들도 한결같이 전해가 풍년이었다는 것을 상기시키며 귀환 동포의 귀국으로 인구가 갑자기 크게 늘어난 것을 고려하더라도 식량의 절대적 부족 때문에 기아 사태가 초래된 것은 아니라는 점을 지적한다. 식량 부족 사태가 자연재해나 생산량 부족으로 초래된 현상은 아니라는 것이다.[54] 그렇다면 그 많던 쌀이 도대체 어디로 간 것일까? 식량 위기의 원인과 배경은 무엇이고, 당시의 조건과 맥락에서 어떤 현실적 타개책이 가능했을까?

미군이 진주하기 이전 여운형의 주도로 결성된 건국준비위원회는 짧은 기간이었지만 식량 문제에 나름의 뚜렷한 대책과 전망을 가지고 식량 배급을 준비했고, 또 그 정책을 유지했다. 여운형은 8월 15일 조선총독부 정무총감 엔도와 회담하면서 정치·경제범 석방과 함께 3개월간의 식량을 확보해 줄 것을 가장 중요한 요구 사항으로 제출했다. 건준은 미군정이 수립된 뒤에도 군정청 농림부장에게 식량 대책안을 건의했다. 건준의 식량 대책은 성공적이었으며, 미군정이 1945년 10월 식량 배급 통제 체제를 해제하기 전까지 식량은 비교적 안정적으로 공급되었고 쌀값도 안정적으로 유지되었다.

그런데 미군이 진주한 지 한 달 뒤인 1945년 10월 5일 일반고시 1호로 '미곡의 자유 시장' 건을 공포했다. 이 법안의 공포는 일제가 1942년 이후 실시했던 식량 통제 정책과 해방 이후에도 그대로 유지되었던 식량 배급제의 폐지를 의미했다. 이 조치는 가뜩이나 심상챦던 물가 등귀 현상을 가속화했고, 시장에서 쌀 품귀 현상을 초래했다. 해방 직후 물자 유통은 급격한 생산의 위축 속에서 전시 비축 물자의 방출에 의지했다. 그런데 해방 전후 조선총독부의 조선은행권 남발, 해방 이후 미군정의 통화 팽창 정책으로 통화량이 급증하여 물자는 급속히 고갈되는 한편 물가는 천정부지로 치솟았는데 그 와중에 지주들과 상인들이 쌀을 매점매석하기 시작한 것이다. 시장에서 쌀이 사라지자 소비자들은 돈이 있어도 쌀을 살 수 없는 심각한 상황에 부딪혔다.[55]

쌀값이 치솟자 미군정은 1946년 1월 1일부터 쌀 한 말 값이 38원을 넘지 못하도록 최고가격제를 실시했다. 이 조치는 쌀값을 잡기보다는 상황을 더욱 악화시켜 시장에서 쌀이 사라지고 불법 거래만 성행하는 역효과를 낳았다. 당시 신문들은 애국심을 환기하는 것으로는 쌀 사재기를 막지 못할 것이라며 당국의 조치를 비웃었다. 식량배급제가 폐지된 뒤 11월부터 나타나기 시작한 식량 부족 사태와 식량 위기 현상은 1946년 1월부터 본격화해서 3월에는 주민들을 일상생활 자체를 유지할 수 없는 상황에 빠뜨렸다. 1946년 초 도매 쌀값은 한 가마니당 1월 1800원, 2월 3000원, 3월 5800원이었고, 소매 쌀값 역시 한 말에 1월 180원, 2월 320원, 3월 600원으로 천정부지로 치솟았다.

미군정은 식량 부족 사태를 해결하기 위해 1월부터 배급을 실시하겠다고 발표했으나 수집미가 없는 상황에서 예정된 배급을 할 수 없었다. 1월 8일 서울 시청 앞에 1000여 명의 군중이 모여 쌀

시위를 하는 등 사태가 심상찮게 돌아가자 마침내 미군정은 1946년 1월 25일 법령 45호로 '미곡수집령'을 공포했다. 스스로 자유 시장 정책의 실패를 인정하고, 뒤늦게 1945년산 추곡의 공출을 시도했으나 공출 목표량 550만여 석의 12.4%를 겨우 수집할 수 있었다.

당시 신문들은 식량 위기의 주요 원인으로 대지주, 모리배의 매점매석과 함께 일본으로 쌀 밀수출을 꼽고 있다.[56] 사실 두 현상은 서로 연결된 것이기도 했다. 최근 연구 가운데 당시 한국인들이 해방의 기쁨에 취해 쌀로 술과 떡을 너무 많이 만들어 먹어서 식량 위기가 초래되었다는 주장도 있지만, 당대인들이 들었다면 코웃음을 칠 일이고, 옆에 앉아 있었다면 따귀라도 한 대 맞을 소리다. 경상도에서 쌀 기근이 특히 심했던 지역은 귀환 동포가 쇄도한 부산 외에 경주, 포항, 울산 등 동남 해안 지대였고, 이들 지역에서는 쌀의 일본 밀수출이 활발하게 이루어졌다.

쌀의 일본 밀수출은 공공연하게 이루어졌다. 심지어 일본의 재일조선인연맹 오사카 지부가 1946년 1월 23, 24일 양일간 개최한 회의에서 고국의 굶주리는 동포들을 위해 조선으로부터 쌀 밀반입을 막는 일을 당면한 활동 목표의 하나로 제시했을 정도였다. 미군정은 식량 위기가 격화하자 쌀의 지역 외 반출을 금지하는 등 공출을 강화하기 위한 조치들을 취했으나 그러한 조치를 비웃기라도 하듯 점령기 내내 미군정 정보보고서들은 쌀의 밀반출을 빈번하게 보고했고, 정부가 수립된 이후인 1949년, 1950년까지도 쌀 밀수출은 계속되었다. 해마다 햅쌀이 나오는 가을이 되면 쌀 밀반출을 방

'쌀 쌀 쌀을 달라는 함성'이라는 제목으로 전날 부산에서 있었던 군중 수만명의 식량난 항의 집회 소식을 전하는 1946년 7월 7일자 《부산신문》 지면.

지하기 위해 해안경비대는 해안 순찰과 경계를 강화해야 했다.

한마디로 그 당시 쌀은 조선, 중국, 일본 3국 사이의 밀무역에서 조선산 상품으로는 가장 경쟁력이 있었고, 수요도 많았다. 또 일본이나 중국에서 쌀을 팔아 다른 필수품 또는 사치품을 밀수입해 오면 몇 배의 이익을 남길 수 있었다. 모험적인 선주나 생계형 밀수업자가 쌀 밀반출에 나섰을 수도 있지만 그 경우 식량 위기에 주는 영향은 그리 크지 않았을 것이다. 쌀 밀수로 가장 많은 이득을 본 것은 출하할 수 있는 쌀을 넉넉하게 가진 대지주나 농민들이 등에 져다 파는 쌀을 사서 긁어모을 수 있는 매집상들, 즉 당시 표현대로라면 모리배들이었고, 여론의 지탄 대상이 되었던 것도 그들이었다.

1945년산 추곡 수집에서 낭패를 본 미군정은 1946년산 하곡 수집부터는 지방 행정 기관뿐 아니라 경찰, 우익 단체, 때로는 무장한 미군 병사들까지 동원하여 가택 수색과 검문, 검색과 처벌 등의 강압적 방법을 사용해 곡물을 공출했다. 하곡은 일제도 공출을 삼갔던 만큼 하곡 수집과 공출에 동원된 강압적 방법은 점령군과 농민 사이에 긴장감만 높여 갔고, 농민들은 10월 항쟁으로 자신의 불만을 표출했다. 미군은 10월 항쟁의 원인을 조사하기 위해 사후에 대구 지역 저명인사 19명을 개별적으로 인터뷰했는데, 그들은 군정의 양곡 수집 정책, 비효율적인 쌀 배급, 공출 과정에서 경찰이 보인 임의적이고 잔인한 수법, 배급 과정에서 경찰과 관리의 부정과 부패 등 미군정 식량 정책의 실패를 우선적으로 지적했다.[57]

4장   좌우 합작 정국

주요한 시인의 간청

해방되고 두어 달 뒤인 1945년 10월 23일, 시 「불놀이」의 작가 주요한이 점령군 사령관 존 하지 중장에게 장문의 편지를 보냈다. 미군 정보 당국은 이 편지를 기록으로 남길 가치가 있다고 판단했는지 편지 전문을 주한미군사령부 1945년 11월 6일자 「일일정보보고」 57호에 별첨했다.

며칠 전 한 미군 장교가 왜 한국인들은 모두 함께 조국의 독립을 위해 싸우지 않고 자기네들끼리 다투고 있느냐고 물었습니다. 그는 한국인들이 잠시 정치를 접고 동포들을 먹이고 입혀서 이번 겨울을 날 수 있도록 서로 협력해서 일해야 할 거라고 말했습니다. 현실적이고 시의적절한 문제 제기입니다. 그러나 우리는 정치가 기본이라는 걸 잊어서는 안 됩니다. 나라가 안정되지 않으면 산업의 번영도 기대할 수 없습니다. 외국 군대의 후견하에 있는 이 땅의 혼란과 불안은 시정(施政)이 어느 정도 상황을 통제할 수 있을 때만 진정될 수 있습니다. 어떻게 하면 사태가 수습될 수 있을까요? 단순히 변명하고자 하는 것이 아닙니다. 우리는 더 잘해야 했습니다. 다만 우호적인 해방자들에게 세상 대부분의 신생국 사정이 대동소이하다는 것을 환기시켜 주고 싶을 뿐입니다. 인도, 중국, 발칸 제국, 폴란드, 심지어 프랑스조차 정쟁과 감정적 갈등을 겪고 있지 않습니까. (중략)

미국인들이 오로지 이 나라를 해방시키겠다는 목표에 충실하고, 또 각 부서장들과 도지사, 시장의 자리에 앉아서 헌신적으로 노력하고 있음에도 불구하고 현재 군정의 시정은 선의에 입각해 있지만 한계가 있습니다. 무엇이 문제일까요? 첫째, 미국인들은 한국어로 얘기하지 못합니다. 통역의 도움이 있어야 행정 업무를 펼 수 있지만 그들의 역량으로는 그 막중한 책임을 감당할 수 없습니다. 둘째, 장교들은 한국인 관리들을 모릅니다. 적당한 사람을 적재적소에 임명하는 것은 그들에게 너무나 어려운 일입니다. (중략)

이 문제에 대한 우리의 충언은 단순하고 단호합니다. 조선인들로 하여금 그들 자신의 집을 돌보게 하라는 것입니다. 군정장관 아널드를 대신하여 조선인 지도자들 중 어느 누구라도 임시 민정장관으로 임명하십시오. 이승만 박사도 좋고, 임정의 김구, 인민위원회의 여운형, 한민당의 송진우, 국민당의 안재홍, 미국에 있는 서재필, 김규식 박사 어느 누구라도 좋습니다. 당신이 누구를 선택하든 상관없고, 그들 중 누구라도 적임자입니다. (중략)

물론 우리는 매사가 순조롭게 진행되리라고 기대하지 않습니다.

정당과 파벌 간의 투쟁은 물론 이합집산이 계속될 것입니다. 다툼과 심지어 폭동이 일어날 수도 있고, 끝내 한 차례 또는 수차례 내전이 발발할 수도 있습니다. 어쨌든 결국에는 일군의 인사들이 주도권을 장악하겠지요. …… 중요한 것은 조선인 민간 행정이 지금 이 순간 절대적으로 필요하다는 것입니다.

미국이 이 나라에 10년간 주둔할 겁니까? 아닐 테지요. 그렇다면 그 대안은 위에서 제시한 대로입니다. 외국 군대의 시정이 계속되는 한 인민의 통합은 기대할 수 없습니다. 인도가 그 좋은 사례입니다. …… 우리는 요람 속에서 무한정 보호를 받는 대신 비틀거리고 다치더라도 혼자 걷기 위해 노력할 준비가 되어 있습니다. (하략)

점령군 사령관에게 보내는 정중한 편지이고, 예의를 갖춰 완곡하게 썼지만 주장은 단호하다. 편지는 미군정의 '통역 정치'와 조선인 관리 등용의 실패를 에둘러 비판하며 민정장관을 미군 장성 대신 한국인으로 교체할 것을 직설적으로 요청한다. 그리고 주저 없이 민생보다는 정치가 기본이고 외국군 주둔 아래서 인민의 통합은 없다고 말하며, 영국 통치하의 인도를 생생한 증거로 들이댄다.

편지의 논조와 내용은 당시 주요한의 처지와 전반적인 정치 상황을 고려하면 약간 의외이고, 음미할 만하다. 일찌감치 근대문학사에 이름을 남겼지만, 주요한의 일제 강점기와 해방 이후의 경력은 언론인, 정치가, 경제인 등으로 다양했다. 그는 1937년 수양동우회 사건으로 체포되었다가 풀려난 뒤 일제 식민지 말기 전시 체제 아

해방 이듬해인 1946년 초부터 전국에서 식량난이 심각하게 발생했다.
이에 미국은 허버트 후버 전 대통령을 식량 조사관으로 임명해
점령 지역에 보냈다. 1946년 5월 4일 서울의 미군정청에서 후버 전 대통령이
미군정 사령관인 존 하지 중장(오른쪽)과 함께 서 있다. 왼쪽은 하지 중장의
통역을 맡았던 이묘묵.

래서 문인 대표, 언론인 대표로 부일 협력 활동을 했다.

미군 사령관 하지는 진주한 지 일주일 만에 자신은 '언제 터질지 모를 화산의 가장자리'를 걷고 있고, 남한 정세는 '불만 댕기면 폭발할 화약통'이라고 묘사하는 수선스러운 전문을 본국에 타전했다. 그는 독립을 향한 한국인들의 정치적 열기에 매우 당황했고, 우후죽순으로 정당 단체들이 난립하는 것을 지켜보면서 참모들에게 한국인은 아일랜드인보다 더 정치적이라고 서슴없이 말했다.[58]

미군은 점령을 전후하여 38도선 이남의 영토와 인민에 대한 통치의 모든 권한이 미군에게 있다고 선포한 바 있었지만, 아치볼드 아널드(Archibald V. Arnold) 군정장관이 1945년 10월 10일 조선인민공화국(1945년 9월 6일 건국준비위원회가 선포한 국가)을 부인하는 성명을 발표하는 등 미군정이 한반도 이남의 유일한 정부임을 다시한번 천명했다. 미군정이 단호한 태도로 재차 직접 통치를 천명하던 시점에서 주요한은 그러한 방침을 비판하며 이승만이든 김구든 여운형이든 그 누구라도 좋으니 한국인 지도자에게 민정장관직을 맡기라고 호소한다. 그는 정당과 정파 간의 정쟁은 불가피하고, 앞날을 예견하기라도 한 듯 내전의 발발까지 거론하며 그러한 자체 정화에는 수십 년이 걸릴지도 모르지만 그러면서 점진적으로 민주주의든 사회주의든 자리를 잡지 않겠느냐고 말한다.

이 편지는 미군이 서울에 진주하고 불과 한 달 보름 뒤에 작성되었다. 미군정은 진주 이후 한국인들의 자치 활동과 자생적인 국가 건설 노력, 특히 진보 세력이 주도하는 활동을 무력화했고, 그 무렵 귀국한 이승만 등 명망가를 중심으로 한 보수 세력 중심의 정계 통합 방안을 모색하기 시작했다. 편지는 주요한의 정치적 성향을 다소 반영하지만 그가 특정 정파의 이해관계를 반영해서 편지를 쓴 것 같지는 않다. 그보다는 일제 식민 통치 기구의 계승, 부일(附日) 전력이 있는 조선인 관리와 경찰의 중용, 미군정이 보여 준 비현실적 경제 정책들과 그로부터 빚어진 혼란 등 출발선에서부터 삐걱거리는 미군정 점령 통치의 난맥상을 수습하기 위한 비판과 제언의 성격을 갖는다.

그는 해방 직후 한민당의 영입 제의를 받았으나 거절했고, 조선상공회의소 특별위원에 선출되었으며 1948년에는 대한무역협회 회장이 되었다. 1954년에는 호헌동지회에 참여하여 민주당 소속 정치인으로 활동했다. 점령기에는 정치와 다소 거리를 두었다. 과거 부일 협력 경력이 그의 발목을 잡았을 수도 있다. 그는 1949년 4월 반민족 행위 특별조사위원회에 체포되었다가 풀려났다.[59]

이 편지에서 음미해야 할 것은 민생과 정치의 관계다. 식량 위기에 대처하는 한국 사회와 미군정의 서로 다른 태도와 대응은 점령기에 양자의 관계가 갖는 성격과 의미를 잘 보여 준다.

식량 위기가 고조되던 1946년 3월 말 4월 초에 서울을 비롯한 각 도시에서 '쌀 요구 투쟁'이 본격적으로 전개되었다. 그것을 주도한 것은 주민 자치 조직이라고 할 수 있는 정회(町會)와 그 연합 조직인 정연합회였다. 정회와 그 하부 조직인 애국반은 일제하 전시 체제부터 양곡 배급은 물론 인적·물적 동원 기구 역할을 했는데,

1946년 봄 러치 군정장관이 한국인 지자체장들에게 보낸 서한 형식의 삐라. 식량 위기는 세계적 현상이고 미국으로부터 원조도 어려우며, 술, 과자 만들기 등에 식량을 낭비하지 않는 것이 가장 중요하다며 식량 위기의 본질을 호도하는 내용이다.

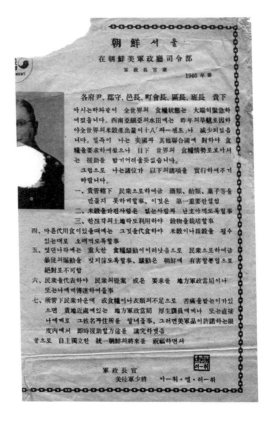

해방 직후에는 자생적으로 조직된 청년단, 자위단, 치안대 등의 조직과 함께 치안 유지, 식량 배급, 식량 창고와 적산 관리 등의 기능을 수행했다. 정회와 애국반은 해방 이전 일제 통치 기구의 말단에서 주민 통제와 전시동원, 식민지 수탈 기구로 기능했지만, 해방 이후에는 주민 자치의 성격을 강화해 가면서 그 이전부터 해 오던 양곡 배급은 물론 건국 사업에 주민을 동원하는 구실을 했다. 당시 정당, 사회단체 등이 허다하게 조직되었지만 대중들의 참가율이 그리 높은 편이 아니었고, 또 취업자보다 실업자가 더 많은 상황에서 정회는 주민과의 접촉면이 가장 넓은 강력한 동원 조직이었다.[60]

1946년 3월에 들어서면서 서울, 부산, 대구, 광주 등 크고 작은 모든 도시들과 직장 또는 학교 단위로 긴급식량대책회의가 연일 개최되었다. 서울에서는 3월 28일 시내 각 정총대(町總代, 이후 동장(洞長))와 대중 단체 대표 50명이 모여 식량대책긴급협의회를 개최하고, 서울시청과 군정 당국에 문제 해결을 촉구했다. 이 회의에서 군정청과 생필품영단이 소지한 쌀을 즉시 배급할 것, 서울 외부에서 소량의 쌀 반입을 인정할 것, 식량 수집과 배급을 민주주의적 대중 단체에 맡길 것 등 4개의 결의 사항을 채택해 당국에 전달했다. 이 날부터 주부를 다수 포함한 군중이 시청에 쇄도하여 '쌀을 달라'며 연일 시위를 벌였고, 4월 1일에는 쌀을 요구하는 군중 3000명이 시청을 포위했다.[61]

시위가 점차 격화하고 시민들의 압력이 강화되는 가운데 미군정을 대표하여 아처 러치 군정장관과 서울시 식량대책협의회 대표자 김기도 외 4인이 4월 3일 회동했고, 그 자리에서 군정 당국은 1인당 하루 1홉씩 배급 실시를 약속하고, 자가용으로 소비할 소량의 미곡 반입을 허락했으나, 수집과 배급을 민간에 위임하는 것은 끝내 거절했다. 식량 위기의 주원인이 모리배의 매점매석인 만큼 식량대책협의회는 민간 차원에서 그것을 감시하고, 쌀 수집과 배급에 주민들의 참여가 필요하다고 주장했으나 그에 대한 군정 당국의 태도는 단호했다.[62]

부산에서도 경남신문기자회 주최로 3월 9일 식량긴급대책회의를 개최했다. 이 자리에 참석한 정총대들, 정당 대표, 노동조합 등 대중 단체 대표들은 식량긴급대책회를 결성하고, 군정 당국에 미곡 최고가격제 철폐, 쌀의 도내 반입 허용, 식량 창고와 양조장에 보관된 쌀의 배급을 탄원했다. 식량 위기가 격화하자 미군정은 쌀 밀수출과 밀반출을 금지한다며 쌀의 군외 또는 도외 반출을 금지했다. 부산의 경우 한꺼번에 많은 귀환 동포들이 들이닥치자 식량의 도외로부터의 반입이나 도내 유통이 절실했다. 서울의 경우 군정 당국이 소량의 미곡 반입을 허용했으나, 경남의 경우는 그마저 금지했다. 경남 군정장관은 12일 관내 모든 정치·사회 단체 대표들을 소집하여 이들 단체가 배급에 개입하는 것과 식량 배급을 위해 협동조합을 결성하자는 제안을 거절했다. 그러나 식량 위기가 계속되자 경남 인민위원회는 자체적으로 4월 3일 도내에서 쌀의 유통과 판매를 허가한다고 발표했고, 군정 당국은 인민위원장 윤일 등 식량긴급대책회 주도자들을 군정법령 위반으로 군사 재판에 회부했다.[63]

주요한과 접촉했던 미군 장교들은 한국인들이 민생을 돌보지 않고 정쟁에 분주하다며 힐난조로 문제를 제기했지만, 편지가 전달될 무렵부터 본격화하기 시작한 식량 위기는 한국인들의 정쟁 때문이 아니라 미군정 식량 정책의 실패로부터 비롯되었고, 막상 한국인들이 그것을 해결하기 위해 적극적으로 나서자 미군정은 주동자를 군사 재판에 회부하는 것으로 응수했다. 미군정의 식량 정책에서 중요한 고려 사항은 식량 부족 그 자체보다 그것이 초래할 정치적 위기였다. 식량 위기는 미군정 점령 통치의 정당성을 위협하는 중대한 사안이었고, 미군정이 실시한 여론 조사에 따르면 쌀값이 급등할 때마다 미군정에 대한 지지율이 곤두박질쳤다.[64] 식량 위기의 최대 피해자는 한국인들이었고, 그들의 생존과 직결되었던 만큼 그들로서는 수수방관할 수 없는 문제였다. 그러나 미군정은 한국인들의 자체적 해결 노력이 미군정이 원치 않는 정치·사회 세력과 민중이 결합하는 방식으로 진행되는 것을 좌시하지 않았다.

좌우 합작 운동과 미군정

1차 미소공동위원회 결렬 이후 남한 정치인들이 좌우 합작을 본격적으로 모색하던 1946년 6월 하순, 주한미군사령관 하지가

김규식은 여운형과 함께 해방 공간에서 좌우 합작 운동을 주도했다.
1947년 3월 미국 국무부에서 파견된 윌버 장군과 만나 환담하는
김규식 남조선과도입법의원 의장.

자신의 정치 고문을 지내다 5월 하순 미국으로 돌아간 굿펠로에게 한 통의 편지를 보냈다. 서울 주재 소련 영사관과 북한 주둔 소련 군정부의 움직임, 남한의 정치 동향 등 당시 정세에 대한 미군정의 평가와 점령군 사령관의 의중을 이해할 수 있는 중요한 편지인데 그 중에서도 좌우 합작에 관한 언급이 눈길을 끈다.

남한에서는 정치적 무한 경쟁이 계속되고 있습니다. 전선을 통일 하려는 움직임이 진행 중이지만 공산주의자들은 후회하며 멀찌 감치 떨어져 있습니다. 그들은 남에서 50 대 50, 북에서 100 대 0, 전체적으로 66과 3분의 2 대 33과 3분의 1을 원합니다. 여운형과 허헌이 김규식과 회의를 하며 조금씩 진도를 내고 있습니다. 하지 만 나는 놀랄 만한 결과를 기대하지는 않습니다. 만약 소련이 모 스크바 결정을 폐기한다면 이곳의 꼬마들에게 내가 생각하던 바 를 가져다줄 수 있을 것입니다. 민전은 약화되었지만 죽은 것은 아니고, 그들의 노선을 조금 바꾸고 있는 중입니다. (중략)
나는 이승만의 반소 캠페인을 강하게 단속해 왔습니다. 그 노인 네는 불행하게도 즉시 단독 정부를 수립하고 소련을 축출하기를 원한다고 너무 많이 발언해서 우익은 물론 좌익 계열의 신문들까 지 모두 이를 보도하고 있습니다. 또 그가 미국에 무역 회사를 차 려 한국과의 무역을 통해 이득을 보고 있다는 보도도 있습니다. 이 보도에는 당신도 등장합니다. 다른 모든 한국인들처럼 그는 말이 너무 많고, 반대로 생각이 별로 없습니다. 내가 제안하는 요점은 당신은 이곳에서의 어떠한 금전적 이해관계에 관해서도 부정해야 한다는 것입니다. 아널드와 그의 동료들이 정치 고문 활동을 맡게 되었습니다. 그들은 많은 한국인들을 만나고 있는데, 그 놈들을 믿기 시작했습니다. 나는 그들이 비소비에트 좌파를 끌어내 공산주의자들의 전선을 붕괴시키기를 바라지만 그들이 강력한 통제력을 가질까 우려합니다. 번스가 경제 전문가들을 모집하기 위해 워싱턴으로 갑니다. 데이어도 미소공위를 재개하려는 우리의 처방이 먹히지 않으면 워싱턴으로 갈 것입니다.

스미스가 계속 이승만을 감시 중입니다. 나는 그 늙은 악당이 궤도에서 벗어나지 않도록 하기 위해 그와 두어 차례 격렬한 언쟁을 벌였습니다. 그와의 만남은 야곱이 하느님이 보낸 천사들과 밤새도록 씨름하는 성경의 한 장면을 연상시킵니다. (하략)[65]

하지 장군은 이승만과 어떤 내용으로 언쟁했기에 그 격렬함을 성경 「창세기」의 야곱과 천사의 씨름에 비유했을까? 야곱이 천사에게서 축복과 이스라엘이라는 새 이름을 얻어 냈듯이 이승만도 그에게서 축복과 새로운 호칭을 얻어 냈을까? 하지는 전쟁터에서 무훈을 쌓아 온 무장답게 굿펠로가 한국을 떠난 뒤 한 달여 간의 정치적 상황 변화를 요점만 추려 압축적으로 전달한다. 그는 군인답게 피아 구분이 뚜렷하고, 어투와 필체도 너무 직선적이고 노골적이라 상스럽게 느껴질 정도다. 남한 정치를 꼭대기에서 관장하는 사람이나 쓸 수 있는 필체이자 내용이다. 편지에서 하지는 복잡한

계산이 난무하게 마련인 정치의 세계에서 자신이 취할 행동에 대해 마치 군사 작전을 설명하듯이 판단과 예측, 방침을 통해 명쾌하게 제시한다. 도대체 하지가 말하는 '궤도'는 어떤 것인가?

여운형이 암살당한 지 사흘째 되는 날인 1947년 7월 22일 주한미군사령부 군사실은 '여운형의 죽음'이라는 보고서를 작성해 정보부로 보냈다. 그 보고서는 좌우 합작 운동에 대한 미국의 목표를 첫째, 이승만과 김구 계열에 대한 의존의 점진적 철회, 둘째, 중도파 수립, 셋째, 과도 입법 기구 설치로 정리했는데, 하지 장군은 보고서에 의미심장한 논평을 달아 정보부로 회송했다. 그는 "6쪽은 사실과 다르네. 우리가 우파와 노는 것은 사실은 우파를 리버럴에게 접근하게 만들고, 좌파를 공산주의자들로부터 떼어 내려는 것이네."라고 연필로 휘갈겨 쓴 뒤 해당 부분의 '이승만과 김구 계열에 대한 의존의 점진적 철회'를 '한국인의 자체 합작 노력에 대한 의존의 포기'로, 또 '중도파 수립'을 '중도파 수립을 압박'으로 정정했다. 이 논평에서 리버럴은 당시의 정치적 스펙트럼을 감안하면 김규식으로 대표되는 중도 우파를 의미할 테고, 좌파는 조선공산당에 소속되지 않은 온건 좌파, 특히 그 대표자인 여운형을 의미한다.[66]

이 논평은 하지 장군이 편지에서 한 이야기의 의미를 더 분명하게 해 준다. 여운형과 허헌은 좌우 합작의 좌측 대표였고, 이들이 우측 대표인 김규식, 원세훈과 만나기 시작하면서 좌우 합작 운동이 시작되었다. 하지 장군은 편지에서 그 사실을 전하며 동시에 자신이 그들의 만남에 큰 기대를 걸지 않고 있음을 솔직하게 토로

Headquarters XXIV Corps
Inter-Staff Routing Slip
For use in all inter-office correspondence. Separate each Memorandum
by a line and initial. *Memorandum will preferably be typewritten.*

SUBJECT: Lyuh, Woon Hyung

Memo. No.	Date	From	To	Memorandum
1	22 July 1947	Hist.	G-2, Rx.	1. Attached is submitted for whatever value or use that it may have for G-2. It is based upon material compiled by the Historical Section.

H.L.
H.L.

g.2 Page 6 contains untrue implication, Our playing with right was in eff't to get them to woo the libers and left fringe away from Commies —

Hodge

24 JUL 1947

REPRODUCED BY 69TH ENGR TOPO CO · JAN 9339

Form Routing. No. 107 (Revised) 17 June 47

Page No.
OVER

7770

주한미군사령부 군사실이 작성한 보고서
「여운형의 죽음」에 대한 하지 장군의 논평.

한다. 하지 장군이 한국인들에게 가져다주려던 것은 아마 과도 입법 기구의 설치나 과도 정부 수립이었을 것이다.

그리고 하지가 언급한 궤도는 이승만의 반소 캠페인을 자제시켜 그가 더 이상 미소 관계를 악화시키는 것을 막고, 다른 한편으로 그의 단정(단독 정부) 수립 발언 역시 자제시켜 미군정이 추진하려는 입법 기구 내지 과도 정부 수립이 단정 수립 기도로 공격받지 않도록 하려는 의도와 연관되었다. 전자와 관련해서 미소공위가 휴회되었지만 최종적으로 결렬된 것은 아니었고, 1차 미소공위 결렬 책임을 둘러싼 공방에서 미군정도 자유롭지 않았다.

하지가 굿펠로에게 편지를 보낸 1946년 6월 23일을 전후하여 이승만도 몇 차례나 남한의 정계 동향과 하지 장군과 얽힌 이야기를 편지 또는 대외비의 비망록 형식으로 굿펠로에게 전달했다. 이승만은 6월 19, 22, 27일과 7월 3일에는 비망록을, 6월 21, 23, 28일, 7월 2일에는 편지를 보냈고, 같은 기간 굿펠로 역시 세 통의 편지를 이승만에게 보냈다. 양자의 빈번한 교신은 이승만과 굿펠로가 경제적 이권 양도와 관련한 스캔들로 당시 남한 신문에 자주 오르내린 사정도 있지만, 특히 이승만이 좌우 합작과 관련한 남한 정계의 풍향 변화, 그중에서도 하지의 의중에 무척이나 예민하게 반응했음을 보여 준다. 하지나 이승만 모두 이 미묘하고 중요한 시기에 상대방의 의중 탐색을 게을리하지 않으면서 그것에 덧붙여 자신의 셈법을 굿펠로에게 전달했다.

그렇다면 이승만은 야곱과 천사의 씨름을 어떻게 정리했을까? 이승만은 6월 19일과 22일 굿펠로에게 보낸 비망록에서 미국이 옹호하는 구도는 "김규식으로 하여금 여운형과 다른 한두 명을 우리(이승만과 미군정)와 일하게 끌어들이고, 부의장직을 받아들이도록 이북의 이웃들을 설득하는 것"이며, "미소공위의 갑작스런 정회 이래 하지 장군은 이승만을 수반으로 삼아 세 명의 저명한 지도자 이승만, 김구, 김규식으로 이루어진 남한 과도 정부를 수립하려고 노력했다."라고 적었다. 이승만의 비망록은 부분적으로 자신에게 유리한 해석을 담고 있지만 미국의 발상과 의도를 잘 드러낸 측면이 있다.[67]

미국이 좌우 합작 과정에서 시종일관 주의를 기울인 부분은 합작의 성사를 통한 입법 기구 또는 과도 정부의 설치였다. 그러나 그것에 못지않게 주의를 기울인 부분은 이러한 목표 달성을 위해 우익 일반의 참여를 계속 확보하는 것이었다. 미군정은 좌우 합작 출발 시점부터 이승만이나 김구가 합작 지지 세력으로 나서거나 최소한 우호적 태도를 취하도록 만들기 위해 노력했다. 미국은 합작 운동 초기에 김규식이 별로 의욕을 보이지 않자, 심지어 이승만에게 김규식을 설득해 좌우 합작에 나서게 해 줄 것을 부탁했다. 그리고 미국은 우익 정치 세력의 통합과 강화를 꾀하면서 우익 연합의 대표로 중간 우파를 내세웠다. 미국은 1947년 후반 단독 정부 수립안이 현실화되기 전까지 이러한 구도를 유지하려고 했다. 이후에 나타나는 하지와 이승만의 불화는 전적으로 이 문제와 관련한 것이었다.[68]

미군정이 좌우 합작에서 의도한 또 다른 기본적인 세력 배치는 좌익의 일부를 견인하거나 좌익을 분열시켜 그 세력을 약화시키는 것이었다. 미군정 내에서 좌우 합작을 주선하며 한국인과 접촉 창구 역할을 했던 것은 하지 장군의 편지가 지적했듯이 아널드와 그의 동료들이었는데, 특히 버치 중위가 초기에 여운형·허헌과 김규식·원세훈 사이를 오가며 모임을 주선하고 아널드 군정장관이 이를 지휘했으며, 그의 이임 후에는 미소공위 미국 쪽 대표단장이 되는 브라운(Albert Brown) 장군이 그 역할을 맡았다.[69]

미군정의 좌우 합작 운동 지원은 처음부터 입법 기구 설립이라는 뚜렷하고 구체적인 지향점을 가졌지만, 좌우 합작의 주된 당사자인 김규식과 여운형은 미국의 구상과는 다른 목표와 지향점을 갖고 있었다. 요약하자면 그것은 대체로 남한의 좌우 합작에 이은 남북 합작으로 진정한 민족 통일을 이루고, 이를 바탕으로 임시 정부 수립 문제를 해결하겠다는 것이었다. 김규식은 좌우 합작 운동 개시 이전부터 통일 정부의 창출을 돕기 위해서는 여러 정파를 대표하는 연락위원회 내지 협의위원회의 수립이 필요하고, 미군정의 주도로 설치된 민주의원으로는 이 목표를 달성할 수 없다는 견해를 피력했다. 여운형 또한 이승만의 정읍 단독 정부 발언 이후 단정 수립설이 우익을 중심으로 확산되자, 미소공위 재개를 촉진하기 위해 민주의원, 민전과 관계없는 좌우의 통일 조직을 주장하고 나섰다. 양자는 모두 좌우 양측의 대표 기관이 가진 제한성과 좌우 합작을 위한 새로운 조직의 필요성을 절감했다.

문제는 좌우 합작에 대한 좌우 양측의 구상을 조정하여 좌우 합작의 출발점과 전술적 목표를 설정하고, 좌우 합작을 여운형과 김규식 두 사람의 차원을 넘어 어떻게 확대할 것인가 하는 문제였다. 6월과 7월의 좌우 합작을 위한 예비 회담들은 이 문제를 조정하는 데 소비되었다. 좌우 합작 운동의 발전 경로나 단계의 설정, 발전 전망, 좌우 합작 운동의 성사를 위한 세력 배치 등에서 양자 사이에는 부분적인 차이가 있었지만 좌우 합작을 통해 미소공위를 재개시키고 임시 정부 수립을 촉진한다는 기본 목표에서는 차이가 없었다. 또 양자는 좌우 합작에 근거해 남북 합작을 달성한다는 목표를 가지고 있었다.

좌우 합작 운동 초기만 해도 좌익 측이 좀 더 적극적인 자세를 보였고, 이에 비해 우익은 좌우 합작에 소극적인 자세를 취했다. 미군정 보고서들은 여운형과 허헌이 좌익 계열 정당의 충분하고 전면적인 지지를 받고 있는 반면, 김규식과 원세훈은 우익 지도자들의 충분한 지원을 받지 못하고 있음을 지적했다. 우익 내에는 좌우 합작 자체에 대해 회의적인 반응이 많았고, 우익은 좌우 합작의 성사 가능성을 타진하며 정치적 이해관계에 따른 저울질을 계속했다. 반면에 좌익은 미소공위 재개 운동과 좌우 합작을 연결하고자 했고, 좌우 합작이 우익으로부터 온건 우파를 분리할 수 있기를 바랐다. 하지만 우익도 좌우 합작의 필요성과 좌우 합작에 대한 대중적 압력을 부정할 수 없었고, 7월 22일 정식 예비 회담을 개최할 무렵에는 좌우 합작 참여자들이 좌우 합작을 통해 미소공위를 재개시킨다는 목표에 잠정적

으로 동의하기에 이르렀다. 여기에는 중도 좌·우파와 우파, 좌파가 모두 망라되었다.[71]

이승만의
'방미 외교' 실상

이승만을 역사적으로 평가할 때 흔히 "외교에는 귀신, 내정에는 등신"이었다고 말한다. 그러나 그런 통념적 평가가 과연 올바른지 사실에 입각한 검증이 필요하다. 언론의 조작과 왜곡 행위가 일상적으로 일어나는 곳에서는 더욱 그렇다. 검증을 소홀히 할 때 우리에게 돌아오는 것은 전도된 역사 인식과 왜곡된 역사관, 역사적 허무주의뿐이다. 이승만 외교의 '성공 신화'에서 그 첫머리를 장식하는 것이 1946년 12월부터 1947년 4월까지 이루어진 방미 활동이다. 이승만은 "국제 사회에 조선의 실정을 알리고 유엔에 조선의 독립을 호소하기 위해 도미한다."라고 출국 이전부터 선전했으며, 그의 방미는 사후에 그의 추종자들에 의해 커다란 외교적 성공으로 포장되었다. 그의 방미 활동이 어떤 측면, 어떤 기준에서 무엇에 성공했는지 그 역사적 의미를 짚어 보려면 미국 쪽 반응을 주의 깊게 살펴보아야 한다.

1946년 12월 1일 이승만이 미국행 배를 탄다며 인천으로 향했다. 대한독립촉성국민회는 물론 우익 단체들이 동원한 수십 대의

이승만이 미국 방문을 마치고 귀국(1947년 4월)한 직후
주한 미군 사령관 하지 중장과 만났다. 앞서 하지는 미국에서
자신을 비판하는 이승만에 대해 심한 배신감을 토로하는
편지를 자신의 고문인 굿펠로에게 보냈다.

자동차가 긴 행렬을 이루었고, 경찰과 청년 단체 회원들이 이를 경호했다. 이미 며칠 전부터 이승만의 미국행은 언론의 조명을 받았다. 대표적 우익 단체들은 11월 28일 이승만을 '민족 대표'로 임명했고, 그의 방미 활동을 응원하기 위해 한국민족대표외교사절후원회를 구성했다. 이승만은 서울 시내를 가로지르는 카퍼레이드를 벌이며 인천으로 향했고, 인천에서 요란한 환송식을 마친 뒤 그날로 서울로 돌아와 12월 4일 미군이 제공한 비행기로 출국했다. 신문마다 비행기로 떠난다느니 배편으로 떠난다느니 설왕설래했지만, 민족대표외교후원회는 그가 배편으로 떠난다고 발표했다. 한 이승만 전기는 그가 12월 2일 출발하려 했으나 하지 장군이 비행기를 내주지 않자 맥아더 장군에게 연락하여 가까스로 4일에 떠났다고 그의 출국을 극적으로 묘사했으나, 미군 보고서를 보면 2일에는 기상이 나빠 출국하지 못했을 뿐이다.[72]

환송식을 지켜보면서 미국에서 교육받은 이승만의 한 추종자는 "사려 있는 사람들은 이승만이 이제 끝났다는 것을 알고 있다."라고 반응했다. 도대체 어느 것이 진실일까? '민족 대표'라는 화려한 외관과 미국 도피라는 인식 사이에는 어떤 역사적 사실들이 감추어져 있을까? 이승만에게 우호적인 신문들이 가짜 뉴스를 만들어서 퍼 나른 건가, 아니면 '사려 있는 사람들'이 사태 파악을 제대로 못한 것일까? 어떻게 당대에조차 이렇게 상반된 해석이 존재할 수 있을까? 하지 장군이 자신의 정치 고문이었고 이승만과도 친밀했던 굿펠로 대령에게 쓴 1947년 1월 28일자 편지가 이와 관련해

하나의 실마리를 제공한다.

(전략) 그 노인네가 작년에 한 배신 행위는 내게는 힘들고 쓰라린 경험이었습니다. 그가 대부분의 시간 동안 이곳에서 미국의 노력에 대해 입에 발린 말을 하고 다녔지만 나는 지난 수개월간 그가 뭔가 의심스러운 일을 크게 꾸미고 있다는 것을 알았습니다. 나는 그를 충분히 신임했고 심지어 미국에 가서 한국의 정세, 그리고 통일된 한국 독립을 이루기 위해 뭔가 결정적 행동이 시작되어야 한다는 것을 알리는 게 어떻겠냐고 제안했습니다. 그가 떠나기 전에 나는 주의 깊게 해야 할 일과 하지 말아야 할 일을 일러 주었습니다. 나는 그를 '한국의 위대한 애국자'로 적당히 키워 주어 미국의 주목을 끌면 그것이 한국에 우호적 영향을 줄 것이고, 또 이곳에서 우리가 요구하는 행동에 충분한 공감대를 형성하리라 기대했습니다. 그가 떠난 뒤 나는 그가 미국에서 하려는 주된 작업이 나에 대한 불신을 조장하고 남한 단독 정부 수립을 승인받기 위한 것임을 알았습니다. 또 그는 봉기와 혁명을 일으켜 한국인들이 독립을 선포하고 남한 정부를 수립하게 하려는 치밀한 계획을 남겨 두고 떠났습니다. 나는 특히 그에게 모스크바 삼상 회의의 결정이 더는 통하지 않고 지금은 한국 독립을 위해 뭔가 전향적 조치를 해야 할 때임을 언급하는 것 이상으로 '신탁 통치' 문제를 언급하거나 러시아인들과 모스크바 결정을 비난하지 않도록 자제할 것을 요구했습니다. …… 그와 그의 부인 사이의 암호화된 교신 전보들은 그의 행

동과 의도를 보여 주는 논쟁의 여지가 없는 증거입니다. 그의 거창한 계획은 1월 18~20일에 봉기를 일으키는 것이었지만 우리는 그것을 막았습니다. 이제 봉기일은 3월 1일로 바뀌었고, 김구가 이승만의 혁명 계획을 이용해 자신을 수반으로 하는 임시 정부 수립 계획을 실행하려고 합니다. 그들은 '반탁' 구호를 내걸 것이고 그것은 한국인들의 공감을 얻을 것입니다. 그들은 미국인 몇 명이 피를 흘리게 만들어 미국인들 사이에 미군 철수 여론을 불러일으키려고 계획하고 있습니다.

(중략) 이승만이 그렇게 행동하는 것은 그가 한국인들에게 했던 거창한 약속들이 제대로 지켜지지 않음으로써 체면을 잃게 되었기 때문이고, 더하여 왕이 되고야 말겠다는 과도한 집착 때문입니다. ……

그가 도쿄에 갔을 때 맥아더 장군은 그를 만나지 않겠다고 했고, 그의 비행기가 출발하기 전에 그 말을 전했습니다. 노인네는 출발을 하루 늦추면서 계속 맥아더를 귀찮게 했고 맥아더는 몇 분간의 알현을 허락했습니다. 그는 그저 맥아더를 잠시 본 것뿐인데, 그 자리를 나오면서부터 지금까지 계속 맥아더를 인용하면서 맥아더가 지금 이곳에서 미국인들이 하는 일에 동의하지 않는다고 떠벌리며, 한국에 있는 미국인들이 그들이 하려는 노력과 관련해 본국의 지지를 전혀 받지 못하고 있다는 인상을 한국인들에게 심어 주고 있습니다. (하략)[73]

하지는 이 편지에서 이승만에 대한 배신감과 불쾌감을 육두 문자까지 섞어 가며 원색적으로 토로했다. 그는 지난 1년간 이승만을 우익 통합의 중심인물로 내세워 그의 세력을 확대해 주기 위해 물심양면으로 지원했고, 미국행을 주선했다. 그렇지만 이승만은 기대와 달리 미국에서 하지를 제물로 삼아 자신의 정치적 야심을 실현하기 위한 선전 캠페인에 분주했다. 하지 장군은 완고한 반공주의자이자 '냉전의 용사'였지만 한편으로는 태평양 전쟁에서 병사들과 고락을 같이한 전형적인 무장이었다. 그런 하지가 자신의 정치적 야심 때문에 이승만에게 분노했을 것 같지는 않다. 하지는 1947년 1월의 시점에서 지난 1년간 자신과 이승만의 관계를 총평하고 있고, 편지는 두 사람의 관계가 틀어지기 시작한 배경과 이유를 보여 준다.

이승만은 방미 목적으로 대(對)유엔 외교를 내걸었지만 미국의 수도 워싱턴에 도착한 12월 8일에는 유엔총회가 이미 더 이상의 의제 상정이 불가능한 상태로 폐회를 기다리고 있었다. 미군정의 한 보고서는 그러한 사정을 잘 알고 있던 이승만이 일부러 유엔총회가 폐막될 때까지 개최지인 뉴욕에 가지 않았다고 분석했다. 이승만 진영의 유엔 외교는 의제 상정보다는 미국과 남한의 언론을 향해 그의 정치적 계획을 선전하는 데 초점이 맞추어져 있었다.[74]

미군정은 이승만의 또 다른 방미 목적에도 주목했다. 이승만의 여행 경비를 빌미로 한 정치 자금 모금이 더 주요한 목적이라는 것이었다. 민족대표외교후원회 재정부장인 한민당의 김양수는 20억 원 조성 계획을 미군 정보원에게 언급했고, 시중에는 이승만이

1947년 4월 21일 미국 방문을 마치고 돌아온
이승만(오른쪽부터)과 중국에서 귀국한 지청천(이청천)을
김구와 김규식 등이 나와 환영하고 있다.
이청천은 이날 이승만과 함께 장제스가 제공한
비행기를 타고 귀국했다. 독립기념관 소장

약 1, 2억 원을 모금했다는 소문이 떠돌았다. 실제 모금 액수는 알수 없지만 영수증철을 통해 확인할 수 있는 도미 외교 후원금 조성액은 약 1470만 원이었다. 이승만의 도미를 빙자한 정치 자금 모금은 무리한 할당식 강제 징수로 사회 문제가 되었다. 우익 단체들이 후원비 명목으로 동회(洞會)를 통해 가구당 100원 또는 50원씩 기부할 것을 강요하고, 기부에 응하지 않으면 쌀 배급을 중지한다고 협박한 사건들이 12월 내내 도하 신문을 장식했다.[75] 영수증철에 이름을 올려 놓은 저명한 정치가들과 경제인들에게는 그들이 기부한 후원금이 보험료이자 투자였겠지만, 해방되고 불과 한 해 반 남짓 지난 시점에서 쌀 한 됫박이 아쉬운 민초들에게도 보험료가 필요한 세태가 된 것인가?

1946년 봄 식량 위기가 절정에 달하자 조선인들은 민간에서 자체적으로 양곡 수집과 배급을 할 수 있도록 해 달라고 점령군 당국에 요청했으나 미군정은 이를 거절했고, 5월 이후 '쌀 요구 투쟁'을 조직적으로 주도했던 정회장(町會長)들을 교체해 나가기 시작했다. 과거 일제 식민 통치의 말단 기구였던 정회를 해방 이후 조선인들이 주민 자치 조직으로 개편하고, 진보적 인사들이 정회장 자리에 올라 쌀 요구 투쟁을 주도하는 것을 지켜보았던 미군정은 식량 요구 투쟁이 수그러들자 일제 강점기에 정회장을 지냈던 자들을 복귀시키거나 다른 보수적 인사들을 그 자리에 앉혔고, 정회를 우익 단체들이 지배하게 만들었다. 1946년 말이 되자 이름이 동회로 바뀐 이 기구는 쌀 요구 투쟁 대신 이승만의 방미 활동을 후원하기

1946년 말에서 1947년 초까지 이뤄진 이승만의
미국 방문을 위해 우익 단체들은 외교 후원금을 대거 거둬들였다.
이 때문에 미군정은 이승만의 방미 목적 중 하나는 정치 자금
모금이라고 분석했다. 인촌 김성수가 낸 후원금
100만 원에 대한 영수증. 연세대 한국학연구소 소장

위해 정치 자금을 강요하는 조직이 되었다.[76]

봄처럼 심각하지는 않았지만 1946년 가을에도 식량 위기는 계속되었고, 10월 항쟁의 배경과 원인으로 가장 먼저 지적되는 것이 미군정 식량 정책의 실패였다. 굿펠로가 하지 장군에게 보낸 1946년 10월 17일자 편지의 한 구절을 인용한다.[77]

당신이 쌀 때문에 겪고 있는 것과 유사한 일이 이곳에서는 고기 때문에 일어나고 있습니다. 이상하게 들리겠지만 결과는 똑같습니다. 가격이 올라가면 농장에 고기가 남아돌아도 소유자들은 정부가 정한 가격으로 팔려 하지 않고, 소비자는 가게로 몰려가 정부와 소동을 일으킵니다. 한국인을 평가할 때 너무 엄격하게 굴지 마십시오. 그리고 당신에게 여운형이 있다면 우리에겐 빌보아가 있습니다.

이승만과 하지 사이를 오가던 미국인 정상(政商)에게는 한국의 '쌀 소동'이 그저 쌀값이 올라 한국인들이 과민하게 반응한 일로 보였는지 모르겠으나, 쌀값 폭등은 점령군의 경제 정책 실패의 결과였지 원인이 아니었다. 게다가 고기와 빵은 식료품으로서 위상도 다르지 않은가. 편지에 언급된 빌보아(Bilboa)는 아마 빌보(Bilbo)의 오기가 아닐까 싶다. 비슷한 시기에 빌보아라는 성을 가진 정치인은 미국에 없었지만 시어도어 빌보라는 상원 의원이 있었다. 빌보는 미시시피주에 정치적 기반을 둔 유명한 인종차별주의자였고, 노골적으로 인종 분리 정책을 지지했다.

굿펠로는 10월 항쟁으로 어려움을 겪고 있는 하지를 위로한 답시고 유머를 섞어 한국과 미국의 상황을 비교했다. 미군정의 양곡 정책을 한국인들이 잘 따라 주지 않는 것을 미국에서 육류와 관련된 정부 정책에 사람들이 잘 따라 주지 않는 데 견주고, 한국에서 여운형 같은 이들이 미군정의 골치를 썩이고 있다면 마찬가지로 미국에선 빌보 같은 이들이 정부의 골치를 썩이고 있지 않느냐고 비유한 것이다. 미국에서도 2차 세계대전 중 식량 배급 정책이 시행된 적이 있고, 1946년 말까지 일부가 시행되었던 만큼 그러한 사정을 반영한 비유였을 수도 있다. 예나 지금이나 정치가들에게 민생은 개인의 정치적 야심이나 당리당략을 위해 동원되는 수사와 비유의 영역에 있다. 그러나 민초들에게는 그들의 삶과 직결되는 문제이자 당면한 생계의 문제였고, 또 정치였다. 민초들이 일상의 정치로부터 퇴출되자 동회는 정치인의 정치 자금이나 갹출하는 조직으로 바뀌었다.

5장 　　　　　テ러의 구조와 동학

여운형의 죽음

암살의 사전적 정의는 '몰래 사람을 죽이는 것'이다. 그런데 몽양 여운형의 죽음은 이런 사전적 정의를 무색하게 만든다. 그는 암살되었나, 아니면 공개적으로 살해되었나? 몽양이 피살되기 20일 전인 1947년 6월 28일 주한미군사령관 하지 장군이 이승만의 테러 음모를 비판하는 공개 서한을 발표했다. 하지는 서한에서 이승만 진영이 여러 건의 정치 암살을 기획하고 있으며 테러 행위와 경제 교란을 획책하고 있다고 비난했다.

귀하의 정치 기관의 상층부에서 나온 줄로 짐작되는 보도에 의하면 귀하와 김구 씨는 공위(미소공동위원회) 업무에 대한 항의 수단으로서 조속한 시기에 테러 행위와 조선 경제 교란을 책동한다 합니다. 고발자들은 이런 행동에는 기건(幾件·여러 건)의 정치 암살도 포함하기로 되었다 함을 중복 설명합니다. 이러한 성질의 공연한 행동은 조선 독립에 막대한 저해를 끼칠 터이므로 이러한 고발이 사실이 아니기를 바랍니다. 조선의 애국심 전부가 건설적 방

해방 직후 건국준비위원회의 위원장을 지내고,
1946년부터 좌우 합작 운동을 주도했던 여운형은
1947년 7월 19일 낮 서울 혜화동 로터리에서
극우 테러범에 의해 피살되었다. 여운형의 장례식 모습.

도에 발양되고, 아름다운 조선 대중에게 유혈 불행 재변을 의미하며 조선의 독립할 준비가 아직 안 되었다는 것을 세계에 보여 주는 케케묵은 방식을 통하여 발현되지 않기를 나는 과거에도 바랐고 또 계속하여 바랍니다.[78]

내용이 의미심장하다. 테러와 암살, 경제 교란의 목표가 미소 공위 파탄이라면 암살의 표적이 누가 될 것인지도 자명해진다. 그 표적은 미소공위 성사에 적극적이거나 주도적 역할을 할 사람, 또 미소공위 성사를 통해 임시 정부가 수립되면 가장 각광을 받을 사람일 수밖에 없다. 당시 우익 진영은 1947년 5월에 재개된 2차 미소공위를 파탄시키기 위해 반탁 운동으로 힘을 모았고, 심지어 하지의 공개 서한이 발표되기 닷새 전인 6월 23일 우익 청년 단체 회원들이 미소공위 회의를 마치고 나오는 소련 대표단 차량에 돌을 던지고 공격하는 테러를 감행하여 물의를 일으켰다. 소련 대표단은 6·23 테러 사건에 대해 미군에 강력하게 항의했고, 재발 방지와 배후 세력의 색출과 검거를 요구했는데 하지의 서한은 사후 면피용에 가깝지만 이 사건에 대한 소련 대표단의 항의를 무마하려는 생색내기의 성격도 일부 있다.

그런데 당시 미소공위 성사를 위해 노력하던 정치 세력들 가운데 반탁 진영의 암살 표적이 될 만한 정치 지도자가 과연 누구였을까? 좌익 진영의 대표 격인 남로당 비서 박헌영은 1946년 9월 이래 미군정의 체포령이 떨어져 행방을 알 수 없는 상태였고, 그의 활동

스타일은 그리 폭넓은 대중적 접촉면을 유지하지 않았다. 좌우 합작 운동 추진 세력 가운데 김규식은 온건 우파를 대표했지만 점잖은 선비형 정치인이었다. 국민들의 지지를 끌어모을 수 있는 대중적 영향력을 가진 사람으로 여운형 이외에 다른 지도자가 있었을까?

좌우 합작 운동에서 미군정 측 연락원 노릇을 했던 레너드 버치(Leonard Bertsch) 중위가 여운형이 암살당하기 이틀 전인 1947년 7월 17일 미군정 정치 고문단 회람용으로 보고서 한 건을 제출했다. '김규식 및 기타 인물들과의 회합'이라는 제목의 보고서인데 상단에 하지 장군, 정보부장 존 웨컬링(John Weckerling), 미소공위 미국 측 대표단장 앨버트 브라운, 하지의 정치 고문 조지프 제이컵스(Joseph E. Jacobs) 등이 모두 열람했다는 서명을 남겼다.[79]

이 모임은 15일에 군정청 재무부 관리 에드워드 배의 집에서 열렸는데 참석자는 김규식, 여운형, 홍명희, 장자일, 정의경 등 좌우 합작을 위해 노력했던 인사들과 김호, 김원용, 김용중 등 재미 한인 대표들, 로버트 키니, 클래런스 윔스, 버치 등 정치 고문단 소속의 미국인 관리들이었다. 참석자들의 면면을 볼 때 아마 곧 미국으로 돌아갈 조선사정사(朝鮮事情社) 사장 김용중(金龍中) 환송 모임이 아니었나 싶다. 대화의 주된 화제는 역시 미소공위 전망이었고, 참석한 한국인들은 하나같이 공위가 실패로 끝나지 않을까 우려하는 분위기였다. 그런데 이 자리에서 여운형은 최근 수도경찰청장 장택상으로부터 일군의 정치적 반대자들이 그의 목숨을 노리고 있으니 서울을 떠나 시골로 은거하라는 경고를 받았다고 발언했다. 또

CONFIDENTIAL

17 July 1947

REPORT FOR: Political Advisory Group.

SUBJECT : Session with KIMM, Kiusic and Others.

1. On the evening of 15 July, a dinner was given by Mr. Edward Pai (Military Government, Finance Department). Guests were KIMM, Kiusic, Lyuh, Woon Hyung; HONG, Myung Hi; KIM, Ho; KIM, Won Young; KIM, Young Jeung (Voice of Korea); CHANG, Cha Il; CHUNG, Yi Kyung; Mr. Kinney, Mr. Weems and Lieutenant Bertsch.

2. The evening was intended to be social, but several topics of discussion deserve recounting.

3. Dr. KIMM discussed the duplicity and bad faith of the Leftist group, mentioning specifically the recent interview which he had granted to the newsmen of DOKNIP SHINBO.

4. On this occasion, Dr. KIMM said he had been surprised when the newsmen representing the two other left wing papers came along with the invited men for a joint interview. He had been asked his opinion about the progress of the Joint Commission, the trusteeship issue, etc., and he stated that he was in complete accord with the view that all parties should be consulted which had signed Communique No. 5, and that he is also in accord with the view that discussion of trusteeship at the present time is neither beneficial nor proper, and that trusteeship should be discussed only at the time set aside for such discussion--that is, after the creation of the Provisional Government.

5. He then elicited from the newsmen the promise that they would allow him to check their drafts of the conference. Three days passed, during which time he sent two messages to the DOKNIP SHINBO office, asking when he would have the opportunity to check the interview. On the third day one of their men came to his house in his absence, left the draft there, and immediately proceeded to publish it.

6. The three papers all carried versions of the interview which Dr. KIMM said were not distorted but completely invented, and the Communist Party and the Communist Labor Union office carried streamers announcing the

-1-

NOTED
P/F

여운형이 암살당하기 이틀 전에 미군정 고위 관계자들이 열람한 레너드 버치 중위의 보고서. 오른쪽 상단에 하지, 브라운 등 주한미군사령부 수뇌부의 자필 서명이 남아 있다. 보고서 2쪽에 수도경찰청장 장택상이 암살 위험을 들어서 시골로 은거하라고 여운형에 경고했다는 내용이 있다.

김용중은 이곳에 와서 지켜보며 점령이 장기간 계속되어야 한다고 확신하게 되었고 점령의 유일하고 가장 큰 실패는 법과 질서 유지와 관련한 것이라면서 그 책임을 경찰의 전반적 무능과 파당성에 돌렸다.

몽양은 해방 직후 건국준비위원회를 주도했고, 미군정이 민주의원, 입법의원 등 한국인들의 대표 기관을 추진할 때마다 그 이름을 올려놓기 위해 한껏 공을 들였던 인물이다. 일제 강점기 이래 펼친 혁명 활동과 다양한 정치·사회 활동 덕분에 그는 당시 남한 정가에서 그 누구보다 대중적 신망이 두터웠던 노혁명가, 노정치가였다. 그런 그에게 서울과 수도권의 치안을 담당한 수도경찰청장이라는 자가 노골적으로 더는 당신을 보호할 수 없으니 시골로 물러나라고 경고하는 것이 1947년 7월 남한의 정치적 분위기였다.

김용중이 지적했듯이 경찰이 친일 세력의 온상이자 부정부패의 심장부이고, 그들이 극우 정치 세력의 손발 노릇을 하고 있다는 것은 널리 알려진 사실이었으나 미군정은 한국 사회의 거듭되는 경찰 개혁 요구에 전혀 응하지 않았다. 장택상의 경고는 몽양에게 닥친 위험을 진심으로 걱정해서 나온 것이라기보다 정치 활동을 중지하고 은퇴할 것을 요구하는 협박에 가까웠고, 그 무렵 몽양은 그런 협박을 하루에도 몇 번씩 듣고 있었다. 미군정 최고 요직에 있던 지휘관들과 정치 고문 역시 모두 이 보고서를 회람했지만 그들 가운데 어느 한 사람 여운형을 보호하려는 조치를 취하지 않았다.

2차 미소공위가 재개되고 몽양이 그 성사를 위해 적극적으로 활동을 펼치기 시작한 1947년 5월부터 몽양에 대한 테러 소문이 정가에 널리 유포되었고, 경찰은 물론 미군정 정보 당국도 그러한 첩보를 수시로 확인했다. 사실 몽양은 서거하기까지 열두 차례나 테러 공격을 받았고, 일상적으로 테러 위협에 시달렸다. 미군정이 검열한 아래 편지와 그 취급 경과는 그에 대한 테러의 성격과 구조, 배후 세력을 이해하는 데 도움을 준다.

신당동에 거주하는 '김달호와 여섯 명의 애국 청년'이 1946년 7월 18일 극우지인 《대동신문》 사장 이종형에게 편지 한 통을 보냈다. 그런데 미군정은 이 편지를 압수하고 수취인에게 전달하지 않았다.

우리는 당신과 이승만 박사를 섬기는 청년들입니다. 최근 여운형과 김규식의 행위를 증오하던 차에 여운형으로부터 그의 잘못을 인정하는 서약서를 받아 냈고 그것을 여기에 동봉합니다. 귀하의 신문에 이 사죄 서약서를 실어 주시기 바랍니다. 우리는 수일 내에 김규식으로부터 같은 서약서를 받아 내어 귀하에게 보낼 것입니다. 거사가 완료되면 당신을 찾아뵙겠습니다.[80]

이 테러 사건은 몽양이 서거하기 약 1년 전인 1946년 7월 17일에 일어났는데, 몽양은 그야말로 구사일생으로 살아났다. 당시 신변의 위협 때문에 자택 대신 친지들의 집을 전전하던 몽양은 신당동 버치 중위 집에서 좌우 합작 회담을 마친 뒤 밤늦게 그의 집을 나섰다가 권총으로 위협하는 세 명의 청년들에게 납치되어 산속으로 끌려가 나무에 목이 매달려 죽기 일보 직전에 벼랑으로 몸을 날렸고, 그의 외침을 듣고 달려온 사람들에 의해 구조된 뒤 혼절하고 말았다.[81] 김달호 일당이 편지에서 언급한 사과문은 몽양이 그들에게 납치되어 끌려가다 써 준 것이었다. 해방되고 채 1년도 지나지 않은 시점에서 미군정 관리의 집에서 미군정 주선으로 진행된 회담에 참여했다가 돌아가던 노정객을 납치하여 정계 은퇴를 강요하며 살해하려는 시도가 공공연하게 자행되고 또 범인들이 그러한 테러 행위를 숨기고 감추기보다 다음 날 버젓이 극우지에 공개적으로 선전하는 서한을 발송하는 상황에서 좌우 합작 운동은 진행되었다.

이 사건은 정계에 큰 충격을 주었고, 민전(민주주의민족전선) 의장단은 19일 하지 장군과 아처 러치 군정장관을 항의 방문하여 이 사건에 책임을 지고 조병옥 경무부장, 최능진 수사과장, 장택상 경찰부장을 사직시킬 것을 요구했다. 민전 의장단은 이승만이 이끄는 독립촉성국민회를 테러 단체로 지목하고 그 해산을 요청했다.[82] 좌우 합작 운동이 한창 진행 중이었던 만큼 좌익 측 대표였던 여운형을 살해 직전까지 몰고 간 이 사건은 미군정을 당황하게 만들었으나 이 사건으로 여론의 지탄을 받던 경찰이나 미군정 모두 사건을 철저히 조사하기보다는 무마하는 태도로 시종했다.

검열을 통해 확보한 위 서한은 이 사건의 범인들에 대한 움직일 수 없는 증거였으나 미군정은 이 서한을 압수하여 《대동신문》에 전달되지 않도록 했을 뿐 범인들을 검거하거나 조사하지 않았다. 대신 몽양에 대한 테러가 애국 행위라고 찬양하던 이종형의《대동신문》에 대한 정간 처분을 단행하여 당시 좌익 계열의 신문들에 대해 미군정이 내린 정간 처분과 균형을 맞추는 한편 이종형의 입을 막아서 테러의 배후와 실체가 폭로되는 것을 방지하는 데 급급했다.

이종형은 여운형이 당한 열두 번의 테러 가운데 적어도 세 건 이상에 연루되었는데, 위 사례에 보듯이 직업적 테러리스트와 이종형, 그리고 극우 정치 세력의 연계하에 테러가 자행되었고, 이승만은 미군정 정보보고서에 그 배후 세력 또는 후원자로 빈번하게 이름이 올랐다. 또 경찰은 언제나 테러 사건의 실체에 대한 조사와 해명보다 그것을 비호하고 무마하는 역할을 맡고 있다.

좌우 합작 운동은 극좌와 극우의 견제, 미군정의 무관심과 방기 탓에 실패로 귀결하고 말았다는 것이 일반적인 역사적 평가다. 그 견제와 방기 속에서 나라의 독립과 임시 정부 수립을 위해 좌우 합작에 매진한 지도자들은 일상적인 테러의 위협 속에서 자기 목숨을 지킬 수 있는 수단과 방법조차 제대로 보장받지 못했다. 몽양은 1947년 7월 19일 혜화동 로터리에서 테러범이 쏜 세 발의 총탄을 맞고 생을 마감했다. 그의 죽음으로 좌우 합작 운동의 동력이 소진되었고, 이후 2차 미소공위는 최종적으로 결렬 수순을 밟기 시작했다.

몽양은 서거 당일 오전에 김용중을 만나 한 통의 편지를 전했다. 몽양이 서거한 뒤 서둘러 미국으로 돌아간 김용중은 두어 달

1946년 4월 부인과 함께한
몽양 여운형의 회갑 기념사진.
몽양여운형기념사업회 소장

뒤 자신이 발행하던 《한국의 소리》에 그로부터 받은 편지를 "한국 군사 점령의 희생양"이라는 제목으로 게재했다. 그 편지 마지막 구절의 일부를 인용한다.

1941년 1월 6일 루스벨트 대통령은 의회 연설에서 세계는 네 가지 필수적인 인간의 자유 위에 기초해야 한다고 선포했소. (1) 언론의 자유, (2) 종교의 자유, (3) 궁핍으로부터의 자유, (4) 공포로부터의 자유가 바로 그것이오. 김 선생에게 하는 말이오만 나는 공포로부터의 자유가 없소. 일본의 항복으로 조선은 해방되었지만 미군정하에서 국립경찰로 채용된 친일파의 손아귀에 아직도 나는 고통받고 있소이다.[83]

테러의 일상화

친애하는 웨드마이어 중장 각하!!!

혹서에도 불구하고 얼마나 수고하십니까. 36년간 제국주의 기반(羈絆: 굴레)으로부터 해방된 기쁨은 2년 반이나 되는 오늘날에는 공포와 불안으로 화(化)하고 말았습니다.

진정한 해방, 독립을 주고자 진주하신 미군정하에 있는 남조선에는 왜 이리 살벌한 분위기가 도는지 모르겠습니다.

3상(모스크바 삼상 회의) 결정을 지지한다고 하여 '빨갱이'라고 하여 남편을 동생을 아들딸을 감옥과 테로(테러)의 심판소로 끌려보내고 있습니다.

친애하는 각하!!! 미군정 내에 있는 친일파 민족반역자 그의 ○○단 한민 한독 독촉 그의 테로단 대한노총 서청 광청 건청 등을 해체시키시고 삼상 결정으로 하루속히 실천하여 전 인민 전 여성이 다 잘 살 수 있는 정부로 세워 주시기를 진정합니다. 끝으로 각하의 건강을 축하합니다.

1947년 8월 30일

서울시 종로구 인사동 508의 32

정문자 (인)

1947년 8월 말 늦더위가 한창인 때 서울 인사동에 사는 한 여성이 미국 대통령 특사로 남한을 방문한 앨버트 웨드마이어 중장에게 진정서 한 통을 보냈다. 이 여성은 자신의 절박함을 편지 서두와 중간에서 웨드마이어 장군을 부를 때 연이어 찍은 세 개의 느낌표로 대신했다. 웨드마이어 장군이 이 여성의 소원을 들어주었을까? 아니, 이 여성은 편지를 보낸 뒤 과연 무사했을까?

신변의 위험을 감수하지 않고는 이런 편지를 기명으로 보낼 수 없었던 것이 1947년 8월 서울의 상황이었다. 몽양 여운형조차 한 달여 전 수도경찰청장으로부터 공공연히 정가에 떠도는 암살 협박을 전해 듣고 며칠 뒤 피살된 판국이었으니 우익 정당, 단체 들을 친일파 민족 반역자 집단으로 규정하고 우익 청년 단체들을 테러

1947년 여름 전국은 테러 공포에 휩싸였다.
우후죽순처럼 설립된 우익 단체들이 좌익 척결을 명분으로
백색 테러를 자행했으나, 친일파 출신이 장악한 경찰은
이를 방조하거나 조장했다. 대표적인 우익 단체의 하나였던
서북청년회 회원들이 1948년 5월 소련의 철수를 요구하는
펼침막을 들고 집회를 열고 있다.

집단으로 규정하며 그 해체를 주장한 편지의 작성자가 무사하기를 바랄 수는 없지 않겠는가?

상황이 그런데도 편지 작성자는 주소를 밝힘은 물론 이름 아래 도장까지 찍어 자신의 신원을 확인해 주었다. 이 여성은 용감한 것인가 아니면 순진한 것인가? 편지는 해방 이후 미군정하 남한 사회의 변화와 최근 동정을 한두 문장으로 요약해 버리고 자신의 고통과 그 해결 방향을 간결하게 정리한다. 단정한 필체와 능숙한 펜 놀림으로 보건대 편지 주인은 일상적으로 글을 쓰는 인텔리 여성이었던 것 같다. 마지막 단락에서 '전 인민' 다음에 굳이 '전 여성'을 병렬하여 여성의 입장을 강조한 것도 주목할 만하다.

1947년 여름, 웨드마이어 장군이 해리 트루먼 미국 대통령 특사로 현지 사정을 조사하기 위해 중국과 남한을 방문했다. 웨드마이어 장군은 중국 방문을 마치고 1947년 8월 26일 서울에 도착했고, 9월 6일 서울을 떠날 때까지 11박 12일 여정으로 한국에 머물렀다. 웨드마이어 특사는 남한에 체류하는 동안 한국인들의 의견을 널리 청취한다는 취지로 자신들에게 편지를 보내 달라고 신문과 방송을 통해 홍보했다.[84] 이에 호응해 많은 한국인들이 그에게 편지를 보냈고, 그 편지들이 미국 국립문서관 '웨드마이어 사절단 문서철'에 고스란히 남아 있다. 한국인들이 웨드마이어에게 보낸 편지는 그가 방문한 시점의 한국 상황을 가감 없이 드러낸다. 그가 받은 한 농부의 편지도 읽어 보자.

농민의 한 사람으로서 각하에게 현 농민 상태를 알려 드리겠습니다. 나는 한 농부입니다. 나의 불만이 있어도 말할 데도 없고 말만 하면 경찰에서 잡아가고 했습니다. 이 기회를 얻어 각하에게 말 한마디 하고자 합니다.

어느 날 저녁에 동네 사람들이 한데 모여서 있으니까 어데선지 '독청(獨靑)'이란 완장을 찬 청년 오십 명이 트럭을 타고 와서 무조건하고 구타했습니다. 이유는 '삐라' 부쳤다는 것입니다. 우리는 참을 수 없어 대항했습니다. 그랬더니 이네들 테로단은 도망했습니다.

그 후일 전야(田野)에서 일하는 우리 농부를 경찰은 무조건하고 트럭에 태워서 유치장에 넣습니다. 현재는 더 심하게 테로단과 경찰은 야합하야 테로 검거를 계속하고 있으니 우리 농부는 어떻게 살랍니까. 미군정은 점점 신용만 잃어 갑니다. 그럼으로 한주먹도 안 되는 친일파의 말만 듣고 인민의 의사를 무시하는 것이 현 남조선입니다.

우리 농부는 빨리 공위(共委)를 성공시켜서 민주 임시 정부를 수립할 것을 기대하며 친일파를 협의 대상에서 제외하고 테로단을 즉시 해체하고 경찰 책임자와 테로 수괴를 엄벌로 처단하며 민주주의 애국자를 석방해야만 암흑 상태의 남조선이 회복될 수가 있습니다.

이 편지의 작성자는 자신을 농부로 소개했지만 정갈한 필체와 정연한 논조, 선명한 주장으로 보건대 평범한 농부는 아니고 유식자(有識者)다. 편지에 작성 일자가 나와 있지 않지만 웨드마이어 사절단 문서철에 들어 있는 한국인 편지들이 대부분 8월 말에 작성된 것을 고려하면 이 편지도 그즈음 작성되었을 것이다. 앞의 편지에서 작성자가 당당하게 자신의 신원을 밝힌 데 반해 이 편지의 작성자는 주소, 이름 등 신원을 전혀 밝히지 않았다. 문서철에 있는 다른 한국인들 편지 가운데 이런 논조와 주장을 편 편지들은 대부분 무기명이었고, 그런 면에서 앞의 정문자의 편지가 오히려 예외적이다.

한 통은 농촌 거주민, 다른 한 통은 서울 거주민이 보냈지만 당시 남한 사회를 바라보는 양자의 상황 인식과 주장은 대동소이하다. 편지들에 따르면 해방의 감격도 잠시였고, 해방된 지 2년여가 지난 지금 남한은 공포와 불안에 떠는 암흑 사회다. 그러한 상황은 미군정 내 친일파 민족 반역자, 그와 결탁한 극우 정치 세력에 의해 초래되었고, 그들에 의해 동원된 극우 청년 단체의 폭력과 이를 비호하는 경찰에 의해 유지, 확산되고 있다. 두 편지는 테러 단체의 해체를 당면한 요구로, 또 미소공위 성사를 통한 정부 수립을 해결책으로 제시한다. 농부의 편지는 보다 구체적으로 미소공위 협의 대상에서 친일파를 제외할 것과 경찰 책임자와 테러 수괴의 처단, 정치범 석방을 요구한다.

1946년 5월 1차 미소공위 휴회 이후 서북청년회(서청), 대한독립촉성청년총연맹(독청), 광복청년회(광청), 건국청년회(건청) 등 우

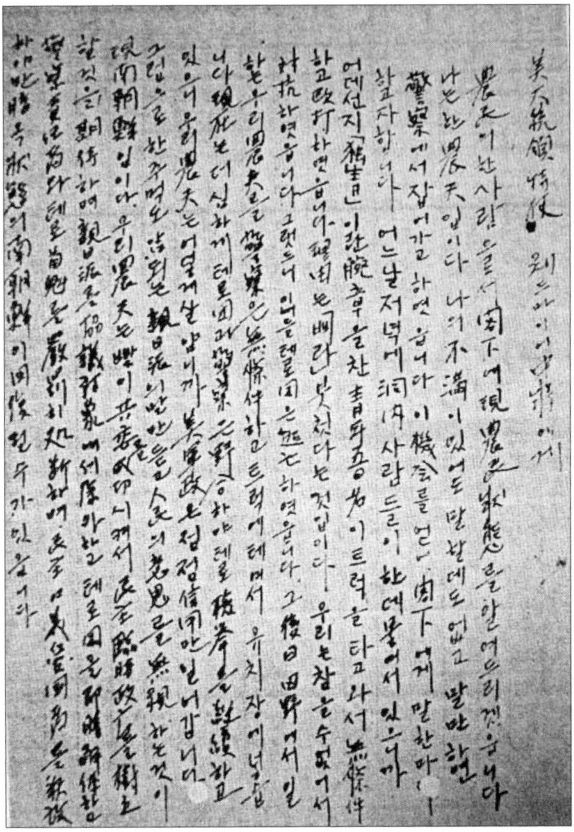

농촌에서의 우익 테러를 고발하는 내용의 농민 편지.

익 청년 단체들은 경쟁적으로 서울로부터 지방으로, 또 도시에서 농촌으로 원정 테러를 조직했고, 그 과정에서 지방 지부 설치를 통해 조직을 확대했다. 마을 주민들에게 폭력을 행사한 '독청' 완장을 찬 청년들은 대한독립촉성청년총연맹 소속이었을 테고, 그들은 아마 낮에 트럭을 타고 이 마을 저 마을로 몰려다니며 테러와 파괴를 일삼았을 테지만 밤에는 마을에 머물지 못하고 읍내의 숙소로 돌아가야 했을 것이다. 그들은 낮 동안 좌익 세력을 몰아낸다는 명분 아래 자신들이 장악하지 못한 주변 촌락을 휘젓고 다녔지만 아직은 밤에 읍내를 벗어나는 것이 그리 안전하지 않았다. 그들이 이튿날 낮에 경찰과 함께 다시 마을을 찾아와 논밭에 흩어져 일하는 주민들을 검거한 것도 그러한 사정 때문이었다.

편지가 묘사했듯이 도회지와 주변 농촌 마을의 점과 선을 따라 일어나는 이러한 부류의 테러가 1947년 봄과 여름에는 예외적이라기보다 일반적인 사건이었다. 그 무렵 미군정 「일일정보보고」의 내용들은 그러한 테러 사건이 각지에서 일상다반사로 일어났음을 보고한다. 특히 1947년 5, 6월에 호남 지방에서 빈발했던 테러 사건들은 그 잔인성과 농민들이 입은 혹심한 피해로 인해 사회적으로 큰 물의를 일으켰고, 그것을 조사하기 위해 서울에서 군정청과 산하 부서들, 서울시청, 경기도청에 출입하는 기자들이 공동으로 '호남 사정 시찰 기자단'을 조직하기에 이르렀다.[85]

시찰 기자단은 6월 22일부터 28일까지 김제, 완주, 부안, 줄포 등 전북 지방을 시찰했는데 어디에서나 우익 청년 단체 회원들이 경찰 면전에서 그들에게 공갈과 협박을 일삼았고, 심지어 기자 수첩을 빼앗고 폭행하기도 했다. 기자단은 28일 정읍에서 광주로 이동하여 6월 29일부터 7월 1일까지 담양, 나주, 광주 등지를 시찰했고, 목포, 장성 등 예정했던 다른 지역 시찰을 포기하고 7월 2일 서울로 상경했다. 경무부가 기자단을 호위하기로 되어 있었지만 전라북도 현지 경찰은 해당 지역 안내를 독립촉성청년총동맹(독청) 등 청년 단체에 맡겼고, 청년 단체원들의 협박과 폭행을 방관했으며, 기자단은 조사를 제대로 수행할 수 없었다.[86]

현지에서 기자단을 처음 맞이한 것은 도처에 붙어 있는 "지방단체가 경찰권을 발동하여 좌익 분자의 가옥을 몰수할 것"이라는 전단이었다. 기자단에 따르면 호남 지방에서 만연한 테러 사건은 대개 공통된 조건 아래에서 공통된 수단으로 전개되었다. 테러단은 50~60명 단위로 야음을 타서 개인적 또는 집단적 목표에 대해 폭행, 파괴를 자행하고 유유히 사라졌다. 기자단이 분석한 테러의 원인은 전국적으로 전개되는 좌익 진영에 대한 우익 진영의 정치 공세가 파괴적 수단에 의존하고 있음을 보여 주었고, 피해를 입은 마을은 좌익이 강하다는 극히 단순한 이유로 공격을 받았다. 기자단은 이를 "적구(赤狗) 타도와 반탁 구호가 독립봉(獨立棒)으로 나타나서 인민의 머리 위에 날아온"것이라고 묘사했다.

기자단이 조사한 바에 따르면 테러단은 마을을 습격한 뒤 주민들에게 "사상 전환서"를 강요하고 독청 가입을 촉구했으며, 또 기부금 강제 징수와 약탈을 자행했다. 이 일련의 과정은 농민들에게 익숙한 것이자 동시에 참기 어려운 것이었다. '사상 전환'은 일제 강점기에 나라의 독립을 찾겠다는 의지와 희망을 포기하지 않았던 이들에게 일제가 집요하게 강요한 '전향' 공작을 대중적으로 확대하여 일부 인사들뿐 아니라 농민들에게까지 강요한 것이었고, 단체 가입과 기부금 강요 역시 일제 강점기 말 전시 동원 체제 아래서 자주 있었던 일이었다. 아마 농민들은 일제로부터 해방된 지 불과 2년 만에 이런 일을 다시 겪게 되리라고는 꿈에도 상상하지 못했을 테고, 해방된 조국에서 같은 동족과 과거 일제의 주구 노릇을 했던 자들로부터 그런 핍박을 받는 것을 도저히 납득할 수도, 참을 수도 없었을 것이다.

기자단은 경찰이 우익 청년단의 테러를 방관, 조장했고, 또 그들과 야합했다고 했다. 테러를 당한 주민들이 경찰에서 조사를 받기 전에 테러단 특설 취조실에서 온갖 악형으로 예비 취조를 당하고 형벌이 결정되는 것이 일반적이었다. 기자단은 호남 지방에서 테러가 횡행하는 것은 당국과 청년 단체의 언론 탄압, 경찰의 방관이 이를 조장하기 때문이라는 사실도 지적했다. 기자단은 극우 단체들이 테러를 동원하여 반탁의 애국심을 강요하고 그것을 경찰서장이 공공연히 '사상 전환'이라고 말하는 것이 현재 호남 지방의 상황이며, "테러단의 만행이 애국심의 발로이며 그 결과가 독립을 위한 시련이므로 그대로 간과되어야 한다는 합리성이 그럴듯하게 조작되고 있다는 점이 가장 위험한 사상"이라고 적고 있다.

해방 후 채 2년도 되지 않은 1947년 여름, 한국 사회는 도시

건 농촌이건 청년 단체의 노골적인 폭력과 테러에 의존하는 정치가 일상을 지배했고, 다수의 대중이 공포와 불안에 떨어야 했다. 몽양 여운형만 공포로부터의 자유가 없었던 것이 아니었다.

웨 장군에게 고함

우리는 중대한 사명을 띠고 내조(來朝)하신 귀하를 진심으로 환영합니다.

우리는 탁치 정부 같은 내정 간섭을 받는 정부를 원치 않습니다. 그럼으로 신탁을 절대로 반대하고 완전 자주독립을 전취키 위하여 결사 투쟁하고 있습니다.

장군이시여. 우리의 진의를 똑바로 양찰(諒察)하시어 원조하여 주심을 바라나이다.

서기 1947년 8월 30일

충청남도 천안군 성환면 성월리

대한독립촉성국민회 성월리 분회장

김창희 (인)

이 편지가 들어 있는 문서철에는 성월(成月), 대정(大井), 매곡(梅谷), 광주(光珠), 금신(金新) 등 성환면에 있는 거의 모든 리(里)의 대한독립촉성국민회, 한국광복청년회 분회장 명의로 동일한 내용을 비슷비슷한 필체로 적은 수십 장의 편지가 들어 있다. B4 용지보다 약간 작은 크기의 양면 괘지에 펜으로 쓴 편지들은 모두 동일한 웨드마이어 특사에게 보낸 대한독립촉성국민회 소속 분회장의 편지.
신탁 통치 결사 반대라는 비슷한 내용에 어떤 것은 필체도 똑같았다.

인사말로 시작하며 마지막 문장만 조금씩 다르다. 웨드마이어 사절단 일행이 중복되는 다수의 편지를 보고 긴장했는지, 웃었는지는 모르겠으나 어쨌든 편지들은 '절대 반대', '전취', '결사 투쟁' 등 살벌한 용어로 그들의 주장을 전달했다.[87]

요즘 세태에 비유하자면 편지들은 '댓글 부대'의 작품이고, 분회장들은 매크로가 더 일찍 개발되었더라면 하지 않아도 될 수고를 한 셈이다. 편지들이 내건 공통의 구호는 '신탁 절대 반대'인데 아마 중앙에서 내려온 지시에 따라 성환면 소재 각 리의 독촉, 광청 분회장이 베껴 썼거나, 아니면 양 단체의 성환면 지부에서 일괄하여 작성한 것일 수도 있다. 분회장으로 이름을 올린 이들은 실제 성환면 거주자도 있겠지만 타지인도 많았을 것이다.

이 문서철에는 한지에 붓으로 쓴 편지도 몇 통 있는데 발신자는 서로 다르지만 필체가 같고, 내용이 꽤 장황하다. 미사여구로 수식된 부분을 제외하고 주장만 추리자면 '외세의 간섭 없는 독립 정부 수립, 38선 즉각 철폐, 신탁 통치 반대, 총선거를 통한 독립 정부 수립'으로 그 내용을 요약할 수 있다.

이러한 요구 사항들은 당시 이승만, 김구, 한민당을 중심으로 한 우익 세력이 제2차 미소공동위원회(미소공위) 정국에 임하여 제출한 정치적 주장과 논리를 종합한 것이다. 댓글 부대식 편지들은 그 가운데 '신탁 통치 반대'로 요구 사항을 집약했고, 조직적인 편지 보내기를 통해 세를 과시하는 한편으로 미국 대통령 특사인 웨드마이어 장군에게 그것이 마치 한국 사회의 다수 여론인 것처럼 압력을 행사하는 구실을 했다.

서울의 기자들이 호남 사정 시찰 기자단을 만들어 호남 각
지의 테러 사건을 조사하던 와중에 1947년 6월 23일 서울을 비롯
해 남한 각지에서 반탁 데모가 일어났다. 무엇보다 서울에서 일어
난 반탁 시위는 2차 미소공위가 열리고 있던 덕수궁 앞에서 경찰과
대치하고 소련 대표단을 향해 돌을 던지는 등 과격했지만 경찰은
시위대를 적극 진압하지 않았다. 그날은 마침 음력 5월 5일 단오절
이었고, 이미 반탁 시위를 경계 중이던 당국으로부터 집회 허가를
받지 못한 반탁투쟁위원회, 서북청년회, 전국학생연맹 등 주최 측은
단오절과 보스턴 마라톤 대회에서 우승하고 돌아온 서윤복 선수
환영 행사를 핑계로 종로 네거리에 모여 시위를 시작했다.[88]

반탁 시위의 상징이 된
6·23 데모

덕수궁 앞에서 경찰과 대치 중에 시위대 대표들이 미소공위
미국 쪽 단장 브라운 소장을 만나 전달한 4개 요구 사항은 '신탁 즉
시 철폐, 총선거 실시 보장, 김구 씨에 의하여 수립될 정부를 조선
정부로 인정할 것, 이승만·김구 노선 지지'였다. 이날의 반탁 시위에
대해 조병옥 경무부장, 이인 검찰총장은 물론, 김형민 서울시장, 안재
홍 민정장관, 브라운 소장, 러치 군정장관 등 미군정 사법 당국과 행
정 당국의 한국인·미국인 책임자들이 모두 나서서 성명 또는 기자

회견으로 주모자와 관계자 처벌, 반탁 시위 불허, 미소공위 방해 행위 엄단 등을 약속했으나, 당국자들의 언명을 비웃기라도 하듯 2차 미소공위가 열리던 내내 전국 각지에서 반탁 시위가 끊이지 않았다. 6·23 반탁 데모는 2차 미소공위 기간에 일어난 반탁 시위의 신호탄이자 상징물과 같았다.

6·23 반탁 데모의 정치적 목표는 명확했다. 시위대 대표들이 브라운 소장에게 전달한 요구 사항은 앞의 성환면 우익 단체들의 주장과 일맥상통하는데, 반탁을 명분으로 개최 중인 미소공위를 파탄시키고, 총선거를 통해 사실상의 단독 정부를 수립하는 것으로 요약된다. '반탁'은 1차 미소공위 이래 우익 단체들이 집회와 시위 때마다 단골로 내걸었던 구호였던 만큼 새로울 것이 없었으나, 이제 그것이 단순히 구호를 넘어서서 실력 행사를 통해 기껏 재개된 미소공위 파탄을 목표로 삼았다는 데 사태의 심각성이 있다. 미국의 대한 정책은 공식적으로는 여전히 모스크바 삼상 회의에서 결정한 대로 미소공위와 한국인 정당, 사회단체의 협의를 통한 임시 정부 수립을 표방했으나 미군정은 의사 표현의 자유를 명분으로 반탁을 주장하는 우익 정당·단체들을 계속 지원하는 이중적인 태도를 보였는데, 이제 우익 단체들의 반탁 시위가 미소공위 자체를 위협함으로써 난처해졌다.

미소공위 재개 무렵부터 백색 테러가 늘어난 것은 우익 정당, 단체 들이 힘으로 자신들의 정치적 목표를 관철할 준비가 되었음을 보여 준 것이고, 그것이 호남 지역에서는 우익 단체의 테러로, 성환면에서는 웨드마이어 장군에 대한 조직적인 댓글 공작으로 나

1947년 6월 23일 제2차 미소공동위원회 회의장인
서울 덕수궁 대한문 앞에서 열린 대규모 반탁 시위 당시
시위대를 해산하기 위해 동원된 기마 경찰대.

타났다.

　　그렇다면 6·23 반탁 데모에 당시 한국 사회 여론은 어떻게 반응했을까? 조선신문기자회 조사부가 사건이 일어나고 열흘이 지난 7월 3일 오후 5시부터 약 한 시간 동안 서울 시내 중요 지점 열 곳에서 경찰 입회하에 통행인 2459명에게 반탁 데모, 미소공위 협의 대상, 국호, 정권 형태, 토지 개혁 방식 등 5개 항목의 설문으로 일제히 여론 조사를 했다. 그 결과를 보면 6월 23일 반탁 데모 사건이 독립의 길이라는 응답이 651표로 약 26%를 조금 넘었고, 독립의 길이 아니라는 응답이 1736표로 71%에 조금 못 미쳤으며, 기권은 72표로 3%에 조금 못 미쳤다.[89] 이 여론 조사에 따르면 서울 시민은 반탁 시위에 냉담했거나 부정적이었다.

　　남조선과도입법의원 의원이자 조선농민당 위원장인 원세훈이 국치일인 8월 29일 웨드마이어 특사에게 「정치 원조에 관한 건의서」라는 제목으로 긴 편지를 보냈다. 원세훈은 표지 포함 양면 괘지 11장에 걸쳐 활달한 필체로 미군정 점령 통치의 실상, 미국의 경제 원조 방안, 미군정 내 한국인 관리와 경찰의 실체와 부정부패상, 남한 내 여러 정치 세력의 성격과 활동 양상을 토로하며 미국이 내놓아야 할 정치적 원조책을 논했다.

　　원세훈은 당시 중도파로 분류되었고 좌우 합작파와 행동을 같이했으나 3·1 운동 훨씬 이전인 1911년부터 비밀 결사를 만들어 독립운동을 시작한 민족주의자였다. 그는 편지에서 극좌와 극우를 모두 비판했는데, 극우 테러에 대해 예리한 분석을 남겼다.

극우 계열은 신탁 통치 반대, 자주독립을 구호로 공위를 파괴하고 남조선 단독 정부를 조직하야 자파의 수중에 정권을 장악하고 친일파, 민족반역자, 봉건 재벌을 포용하야 진보적 인민의 지탄을 받고 있습니다. 보선(普選: 보통선거)의 급속한 실시는 그들이 원하는 것으로 정략에서 나온 데 불과합니다. 그들은 한 노정객을 민족적 최고 영도자로 내세우고 당자 역시 이에 만족한 듯합니다. 그를 국부로 봉대하고 인민에게 무비판적 존경을 강요하매 귀국의 국책을 자파에게 유리하게만 곡해 선전하야 세력 부식에만 전념하고 있습니다.

한편 이북에서 숙청당한 반역자군과 생활고로 월경한 동포들은 공산주의자에 대한 사감도 있어 보복적 의미로 그 슬하에 들어가서 경향(서울과 시골)에 테러를 자행하고 있습니다. 그들은 자파의 부식(불려서 넉넉히 함)에 급급한 나머지 민주주의자까지 공산주의자로 몰아 그들의 언론과 집회까지 방해하여 남조선은 실로 암흑과 공포 시대를 보내고 있나이다. 중국에 있어서의 남의사(藍衣社: 중국 국민당의 특무 기구)의 재판(再版: 되풀이)이 남조선에 출현하려 하고 있으며 군정 관리와 결합이 되어 더욱 경악을 금치 못하며 각하께 솔직히 호소하나이다.

38선의 획정은 이 비극을 산출했으니 약소국의 좌우 대립 중 그 어느 나라보다 위험할까 하나이다. 이것은 진정한 민주주의의 육성을 원조해 주겠다는 귀국으로서는 유감이겠으며 한인의 가장 원치 않는 정치 세력이외다.

편지에서 언급한 노정객은 이승만일 테고, 그는 중도파 정치가답게 군정 개혁과 민주 경찰의 완성으로 불순한 극우 세력을 소멸시킬 수 있을 것이라고 주장한다. 또 우익이 다수를 점한 과도입법의원에서 보통선거법이 통과되었지만 총선거는 정치 훈련, 군정 개혁과 민주 경찰이 완성된 후에 시행해야 한다는 조언도 빠뜨리지 않는다. 이 편지를 읽을 때 극우 테러의 발호와 좌우 대립이 미소 양군의 분할 점령에서 비롯되었다는 지적에 오랫동안 눈길이 머물렀다. 편지에는 노혁명가이자 민족주의자가 당시 정국을 바라보며 품은 솔직한 소회와 우려가 면면에 녹아 있다.

과연 웨드마이어 장군은 댓글 편지와 당시 남한 사회에 만연했던 테러를 보며 어떤 생각을 했을까? 남한 체류 중 배포되었는지, 아니면 남한을 떠난 뒤 배포된 것인지 확인이 불가능하나 미국 공보원은 웨드마이어 장군이 남한 여행 중 '조선 문제'에 대해 연설한 내용의 요지를 포스터와 전단으로 만들어 곳곳에 붙였다.

여러분이 다 아시다시피 현 세계의 여러 가지 문제 중에 '권리 쟁탈의 욕망'이 제일 큰 문제이다. 그러므로 이러한 권리 욕망을 없애려는 것이 우리의 책임이며 희망하는 바로서, 군사적이 아니고 화가의 붓이나 경기가의 도약봉, 바이올리니스트의 활이나 문장가의 붓으로써 인간의 욕망을 만족시킬 수 있다면 그 얼마나 아름다우며 많은 이익을 초래할 수 있을 것인가. 조선이 통일된 완전 자유 독립 국가를 수립하는 데는 인권과 사유 재산을 보장하며 자유 기업을 장려하는 국가를 형성하는 것이 적당하다고 믿는 바이다. 그러나 제일 어려운 문제는 어느 나라든지 무력으로서 권세를 잡으려 하는 욕망이 없다고 할 수 없는 것이다. 국내나 국외나 이러한 권리의 욕망을 없애거나 혹은 감소시켰으면 더 좋은 목적을 속히 또 용이하게 실현할 수 있다고 믿는 바이다.

파란 눈의 특사가 보기에도 백주 대낮에 테러가 활개 치는 남한의 상황은 민망했던 모양이다. 신문사와 기자에게 테러가 빈발하는 상황에서 화가와 문장가의 붓, 바이올린 활을 많이 보급한다고 해서 군사적 수단을 막을 수 있을지 의심스럽지만, 어쨌든 웨드마이어 장군은 순화된 용어와 완곡한 표현으로 정치적 목적을 달성하기 위해 테러를 사용하지 말 것, 최소한 자제할 것을 한국인에게 점잖게 충고했다.

현재도 여론 조작에 '기레기'와 댓글 부대가 대거 동원되곤 하지만 한국 현대사에서 양자의 뿌리는 깊고도 길다. 1947년 봄과 여름, 한국 사회에서 양자의 작동은 대부분 상대방에게 폭력을 휘두르는 형태로 강요되었다. 마치 그것이 가진 폭력성을 상징하기라도 하듯이.

6장   1947년 여름,
       미 대통령 특사의 방한

미 특사와
민생 파탄 해법

웨드마이어 장군이 트루먼 대통령 특사로 중국과 남한을 방문한 1947년 8, 9월은 미국의 대중(對中) 정책과 대한(對韓) 정책 모두 변화가 필요한 시점이었고, 한국 사회 내부적으로도 한국 문제 해결을 위해 무언가 새로운 방책 마련이 필요한 시점이었다. 중국에서는 국민당 군대가 국공 내전에서 군사적 패배를 거듭했고, 국민당 정부의 부패와 무능이 드러나면서 장제스의 국민당 정부는 점차 대중의 지지를 잃어 갔다. 미국은 중국 정세의 변화에 따라 국민당 정부에 군사·경제 원조를 확대해야 할지 심각한 고민에 빠졌다.[90]

한반도와 관련해서는 2차 미소공동위원회에서 미국과 소련이 협의 대상 정당, 단체의 선정을 둘러싸고 줄다리기를 계속했고, 남한 내 정치·경제 상황도 좋지 않았던 만큼 점령지 사정에 대한 미국 정부 나름의 평가가 필요했다. 미국의 대중·대한 정책 변화와 관련하여 웨드마이어 사절단은 중요한 의미를 가졌고, 사절단의 구성 시점부터 귀환 뒤 최종 보고서를 제출할 때까지 미국 국내는 물론 중국, 남한에서 정계와 여론의 각별한 주목을 받았다. 웨드마이어 사절단은 워싱턴에 있는 정책 입안자들을 대신해서 남한 사정을 조사하고, 나아가 그들을 대신해 현지 점령군 당국의 견해를 청취하는 구실을 했다.

웨드마이어의 중국 방문 목적은 현지 사정 파악이었지만 다른 한편으로는 장제스에게 부패한 관리들의 숙청과 정부 쇄신을 요구하기 위해서였는데, 내부적으로는 오히려 후자가 은근히 강조된 편이었다. 반면 한국 방문은 원조 법안의 의회 통과를 돕기 위한 것이라는 경제적 동기가 대외적으로 강조되었다. 미국 정부는 웨드마이어 사절단을 파견하여 한반도에 대한 미국의 개입 의지를 과시하고, 대한 경제 원조 계획에 대해 의회의 지원을 얻어 내려 했다. 미국 국무부는 1947년 봄 이래 '적극적 대한 정책'의 주요 정책 수단으로 간주하던 경제 원조 계획에 대한 승인과 예산 확보를 위해 노력했지만 의회는 원조 법안의 심의를 가을 회기로 미루었다. 국무부는 웨드마이어가 그의 보고서를 통해 원조 계획을 지지해 준다면 가을 회기에 원조 법안을 무난하게 통과시킬 수 있을 것이라고 생각했다.

미국 정부가 웨드마이어 특사의 방중·방한 사실을 발표한 것은 1947년 7월 중순이었다. 그의 방한 소식이 알려지자 조선공업기술협회의 기관지《공업신문》은 1947년 7월 16일 그의 방한에 대한 기대를 1면 사설에 담았다.《공업신문》은 과학인, 기술인 들을 대상으로 한 한국 최초의 일간 공업 기술 신문으로 공업계, 광업계,

1948년 10월 미국 국방부에서 웨드마이어 장군.
그는 전해인 1947년 8월 트루먼 대통령의 특사로
중국과 한국에 파견돼 현지 조사를 벌였다.

건설계 소식을 주로 담았으나 중요한 정치, 사회 현안이나 국제 소식도 다루었다.

> 웨드마이어 중장의 '멤버'는 재계와 공업, 경제 즉 산업 경제의 주요 포인트를 조사하고자 하는 데 있어 각각 그 방면의 통(通)이라 할까 사계의 권위를 망라한 데 대하여 더욱 기대가 큰 바가 있다. 그뿐 아니라 우리는 일찍이 경제에 굶주리고 있느니만치 신생 조선의 산업 재건에 대하여 전면적 원조를 바라는 바이며 특히 공업 국가로서 부끄럽지 아니할 만한 모든 시설에도 유의하여 실제적이요 현실적인 속임 없는 실정 조사에 착수하여 경제 조선으로서의 장차(將次)를 독립국가로 완전히 인도하여 나아가 세계 안전 평화 및 경제 안정 기도에 어그러짐이 없도록 만전을 기해 주기를 바라 마지않는 바이다.

이 사설은 당시 한국 사회가 마주한 경제 문제의 핵심을 한마디로 '도탄에 빠진 민생 문제'로 정리했고, 그 해결 방도의 하나인 산업 재건에 필요한 원조에서 미국이 큰 역할을 해 줄 수 있을 것이라는 기대감을 표명했다.

웨드마이어 사절단은 방한한 바로 다음 날 아침부터 이틀에 걸쳐 미군정 당국자들로부터 남한 사정과 한반도 정세를 종일토록 청취했다. 첫날은 남한 정치 상황과 한반도 군사 정세에 대해서, 이튿날은 남한 경제 상황과 미소공동위원회 진행 상황에 보고와 토론의 많은 부분을 할애했다. 미군정 경제 전문가는 미국의 원조가 철회되자마자 남한 경제는 붕괴할 것이라는 어두운 전망을 내놓았고, 점령 당국이 여전히 최소한의 구호 차원의 정책밖에 펴지 못하는 입장이라며 소련의 지배로부터 한국을 구하는 것은 실질적인 원조뿐이라고 강조했다. 이틀에 걸쳐 미군정 관리들은 웨드마이어 장군에게 남한 점령 이후 현재까지 상황 전개와 현재 정세, 향후 전망을 보고했는데 사실상 그간의 점령 정책이 제대로 먹혀들지 않았던 이유를 나열하는 데 많은 시간을 할애했다.

앞에서 언급했지만 웨드마이어 장군은 남조선 사정을 듣고 싶다며 조선인들에게 서한으로 의견을 보내 줄 것을 신문과 방송을 통해 홍보했다. 웨드마이어 장군에게 편지를 보낸 한국인들은 민생 파탄의 원인과 해결책을 어디에서 구했을까?

민생 문제: 폭압과 테러가 이처럼 심한 틈을 타서 모리배가 준동함으로 물가는 천정부지로 앙등하는데 수입은 적고 하니 부정행위를 하지 않고는 도저히 살 수 없는 상태입니다. 저의 가족이 8명으로 생활비를 2만 원은 가져야 하는데 급료가 겨우 3천 원 미만이오니 이것을 가지고 어떻게 호구라도 할 수 있겠습니까. 그나마도 까딱하면 파면이니 거리에는 무수한 실업자 홍수랍니다.

서울 서대문구 홍파동에 거주하는 오윤덕이 보낸 편지 내용중 일부로 이 편지는 1947년 8월 31일 발송되었다. 오윤덕은 좌익 성향의 시민이었던 것으로 보인다. 그는 물가 앙등의 원인으로 모리배의 준동을 꼽았다. 극우 단체들이 웨드마이어 장군에게 조직적으로 편지를 보냈던 것과 마찬가지로 좌익 쪽에서도 조직적으로 편지를 써 보냈고, 그런 면에서 양쪽의 편지 내용을 비교하면 그들의 주장과 그 이면의 정치적 의도를 읽을 수 있다. 좌익 쪽 편지들은 경제 위기의 원인으로 대체로 미군정 내 친일파의 준동과 그들과 결탁한 모리배의 발호를 강조했다. 흥미롭게도, 극우 쪽 편지들 가운데 경제 위기 현상을 언급한 것이 없지 않지만 그 원인을 분석하거나 지적한 편지는 찾아보기 힘들다. 거의 모든 편지가 그저 '반탁'과 '총선 실시' 구호를 열심히 외치고 있을 뿐이다.

그런데 민생 파탄과 경제 위기의 주범으로 모리배를 지목한 것은 좌익 계열만이 아니었다. 아래 인용문은 일제 강점기에 조선어학회를 대표했던 유명한 어문학자 이극로가 1947년 9월 1일 웨드마이어 장군에게 제출한 '조선 국내 사정 보고서' 중 '경제면'을 그대로 옮긴 것이다.

생산 원료의 엄격한 통제 배급과 함께 생산품의 계통적인 분배로 하여 다소간이라도 합리적인 운영 방안을 취한다면 생산도 증진하고 물가도 조절할 수 있을 것이다. 그러나 사실은 반대로 생산 원료는 모리배 수중으로 생산품은 간상배 수중으로 입수되어 인민은 도탄에 빠지고 공장은 생산 원료의 부족과 입수난으로 곤경에 빠지는 현상이다.

이극로는 당시 민생 파탄이 '생산 원료는 모리배 수중에, 생산품은 간상배 수중에' 있기 때문에 초래되었다고 한 줄로 정리했다. 그는 일제 강점기 말에 조선어학회 사건으로 투옥되어 4년 이상 옥고를 치렀고, 해방 직후 함흥 감옥에서 들것에 실려 나왔던 민족주의자였다. 해방 직후 재건된 조선어학회 회장에 취임했으며, 1946년 조선건민회라는 민족 운동 단체에 참가하여 그 단체를 이끌었다. 1946년 중반 좌우 합작 운동이 시작되자 그에 대해 지지를 표명했으나 정치 활동에 본격적으로 참여한 것은 1947년 봄 2차 미소공동위원회 개최 무렵부터다. 그는 1948년 4월 김구와 함께 남북연석회의에 참가했다가 북조선에 남았다.

남조선과도입법의원에 관선 의원으로 진출한 정이형(鄭伊衡: 본명 정원흠)의 편지는 더욱 적나라하고 신랄하다. 그는 4장 분량의 영문 타이핑 편지를 웨드마이어 장군에게 전달하여 점령 정책의 결함을 조목조목 지적했는데 그 가운데 셋째 항목에서 남한의 경제 위기와 모리배 문제를 아래와 같이 진술했다.

이른바 미국인 통제하에 있는 적산(敵産)들이 모리배의 차지가 되었습니다. 미국인들이 적절한 방법으로 일본인 기업과 공장에 있던 비축물과 재고품을 처분했더라면 남조선에서 경제적 불안은 없었을 것입니다. 만약 이 물품들이 모든 사람에게 공평하게

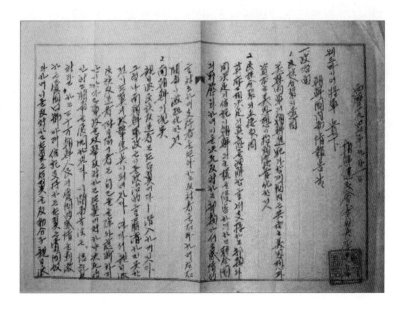

저명한 어문학자인 이극로가 웨드마이어 특사에게 보낸
'조선 국내 사정 보고서'의 일부. 이극로는 이 보고서에서
'생산 원료는 모리배 수중에, 생산품은 간상배 수중에' 있다고 지적했다.

분배되었다면 남조선에서 혼란과 무질서는 일어나지 않았을 겁니다.

현재 한국의 경제 사정을 들으셨을 겁니다. 공장의 재고품과 원료는 모두 사라졌고, 기계는 돌아가지 않고 있습니다. 이러한 공장들을 지키기 위해 특별한 조치를 취하지 않는다면 80% 이상의 공장이 완전히 파괴되어 더 이상 사용할 수 없게 될 겁니다. 우리는 원료, 기계, 기술자가 필요하고, 무엇보다도 정직한 관리인이 필요합니다. 한국인 가운데 많은 수가 지난 40년간 일제 강점 아래서 도덕적으로 밑바닥까지 타락했다는 것을 당신에게 고백합니다.

우리는 정직한 토대 위에 새 국가를 건설해야 합니다. 부디 정직한 전문가들을 보내 그들이 우리 인민들을 정직하게 이끌도록 해 주시기를 바랍니다. 부패한 관리가 정부의 공무원 자리에 앉아 있는 한 어떤 경제적 회복도 기대할 수 없습니다. 설사 우리가 미국으로부터 원조를 받게 되더라도 당신은 먼저 관재처(미군정 내 적산 관리기구) 관리나 과거에 일본인들이 소유했던 기업과 공장을 관리하고 있는 조선인 관리자들을 모두 엄격하게 심사해야 합니다.

부패한 관리, 사리사욕만 채우려 드는 기업가와 상인, 악명 높은 친일파 경찰이 판치고 있다는 것을 명심하기 바랍니다. 나무에서 물고기를 구하는 어리석은 자는 없을 겁니다. 현 정부로부터 어떤 선을 기대하는 것은 미친 짓입니다.

독립운동을 하다 1927년에 하얼빈에서
일본 경찰에 체포돼 해방 때까지 옥살이를 했던
정이형의 투옥 당시 사진.

정이형은 3·1 운동 참가로 독립운동에 투신한 뒤 1920년대 전반 대한통의부, 정의부 등 만주의 무장 독립운동 단체에서 활동했다. 1926년 4월 중국 길림성에서 정의부 출신 혁명가들과 국내의 형평사 계열 활동가들을 연결하여 진보적 민족주의를 표방한 고려혁명당을 창설했으나 1927년 3월 하얼빈 일본 영사관 경찰에 체포되어 신의주로 압송되었고, 이후 해방될 때까지 19년간 옥살이를 했다. 그는 1946년 12월 30일 과도입법의원 제6차 본회의에서 '부일 협력자·민족 반역자·간상배 조사위원회'를 특별위원회의 하나로 설치할 것을 제안했다. 이에 따라 1947년 '민족 반역자·부일 협력자·전범·간상배에 대한 특별조례법률' 제정을 위한 기초위원회가 성립되었고, 그 위원장으로 선임되어 법 제정을 주도했으나 미군정이 법안 인준을 거부하여 종내 그 뜻을 이루지 못했다.

해방된 지 불과 2년, 점령군 당국자는 물론 남한 거주자 전부가 남한 경제가 위기에 처하고 민생이 도탄에 빠져 외부의 원조와 지원이 필요하다는 데 인식을 같이했다. 토지 개혁이나 일제가 남기고 간 적산 처리 등 구조적 개혁도 필요했고, 식량 위기 해소, 하이퍼인플레이션의 진정, 재정·금융의 안정, 생산의 재건과 실업자 해소 등 해결해야 할 경제적 과제가 한두 가지가 아니었으나 웨드마이어 장군에게 전달된 한국인의 편지들은 누가 그 문제를 해결할 개혁의 주체인가를 심각하게 묻고 있다. 친일파 청산은 과거의 문제가 아니라 현실의 문제였다. 실패하고 말았지만 이것이 입법의원이 제정하려 한 친일파 처리 특별법이 민족 반역자와 부일 협력

배, 전범에 더하여 굳이 간상배를 적시한 이유였을 것이다.

1947년 여름,
희망 고문의 끝자락

웨드마이어 특사 방한에 맞추어 남한 신문들이 사설 형식으로 해당 언론사의 견해를 전달하거나 독자 투고, 인터뷰로 한국인들의 여론을 수집하여 웨드마이어 장군에게 전달했다. 《대한일보》는 서울 이화동에 거주하는 김희경의 편지를 독자 투고 형식으로 1947년 8월 30일부터 9월 8일까지 장장 8회에 걸쳐 1면에 상자 기사로 게재했다. 그 서두 일부를 소개한다.

장군이 오시자마자 장군 숙사는 문전성시가 될 줄로 압니다. 각계 명사와 면담하시기에 장군은 피곤과 권태까지도 느끼실 줄 압니다. 그러하실 것임에도 불구하고 이 미천한 몸으로서 당돌하게도 장군에게 이 글을 올리는 소이(所以)는 (1) 장군이 만나시는 분은 우익 아니면 좌익 또는 중간파 요인들일 것이며 그렇지 않으면 그 어느 쪽의 촉탁을 받았다거나 적어도 그들과 호흡을 같이하는 인사들일 것입니다. 따라서 각자가 다 자당의 주장이 옳다는 것을 되풀이하게 될 것이므로 그렇다고 하면은 이때까지 장군이 라디오와 신문을 통해서 들은 바와 대차가 없을 것이기로 장군께서

2차 미소공동위원회가 재개된 1947년은 좌우가 심하게 대립하던 시기였다. 우익은 이승만 중심의 남한 단독 정부 수립을 요구한 반면 좌익은 미소공위의 성공을 통한 통일 임시 정부 수립을 희망했다. 이 때문에 1947년 삼일절은 기념 행사도 동대문운동장(우익)과 남산(좌익)에서 따로 열렸으며, 행사를 마친 양쪽은 결국 충돌해 사상자를 냈다. 사진은 서울 동대문운동장에서 열린 우익의 삼일절 기념 행사 장면으로, "이 박사 절대 지지" 등의 문구가 적힌 플래카드가 보인다.

친히 여기까지 오시지 않고는 들을 수 없는 이 땅 천민의 가슴속에서 북받쳐 나오는 소리가 오히려 더 참고가 되지 않을까 한 것, (2) 장군과 회담할 명사들은 외교적 언사에 능숙하여 8월 9일(브라운 소장의 성명일) 이전에 우리들이 귀국에 대해서 어떻게 생각하고 있었다는 것을 솔직히 말하지 않으리라고 추측되는 까닭입니다. 즉 금월 9일 브라운 소장의 대성명이 나오자 조선 민중은 실로 감격하여 갑자기 친미 기분이 가득하여졌는데 이 아름다운 현상을 영구히 지속시키기 위해서는 브라운 소장의 성명이 나오기 전의 이 나라 민중 심리를 알게 하시어 이것이 금후 다시 되풀이되지 않도록 조치하여 주시라는 것.

그리고 저의 여쭌 말씀이 모 정치 세력의 노선을 지지하는 결과가 된다 하더라도 그것은 내 자신에 색채가 있어 그런 게 아니라 그 정당의 주장이 천리(天理)에 맞는 까닭이올시다. 저는 아무 배경도 선입견도 없는 천민인 데다가 하나님의 소리를 듣고자 내 자신의 파장을 항상 맞추려고 애쓰는 까닭에 하나님 혹은 하나님과 호흡을 같이하는 사람의 소리라면 내 귀에 들어올 것이고 따라서 나의 부르짖음은 그의 부르짖음과 일치된 이치인 까닭이올시다.

이 글의 주인공인 23세의 젊은 여성은 웨드마이어 장군이 한국 실정을 정확하게 이해하기 위해서는 정파적 견해만 되풀이하거나 외교적 언사나 일삼는 명사들 대신 자신과 같은 천민의 얘기를 들어야 한다고 호소한다. 동시에 그가 하려는 얘기가 결과적으로 모 정치 세력의 노선을 지지하는 결과가 될지도 모른다고 암시한다. 하지만 그것은 자신에게 정치적 색채가 있어서가 아니고 그 정당의 주장이 하늘의 이치이기 때문이라고 단호하게 주장한다. 그는 자신의 종교적 신념까지 동원하여 자신의 주장이 옳다는 확신을 전달한다.

이 독자 투고는 공개서한의 형식을 취했지만 장, 절까지 나누어 서술한 장황한 보고서 형태다. 장 제목을 열거하면 '1장 한국이 독립을 못 한 원인, 2장 자치 능력 있는 우리 민족, 3장 민생의 도탄은 위정의 실수, 4장 이승만 박사는 한국 그 자체, 5장 대미 감정의 호전'인데, 수신자는 웨드마이어 장군이지만 내용을 살펴보면 모든 장이 '기승전 이승만'으로 이어지는 일종의 팬레터다.

예컨대 이런 식이다. '한국이 독립을 못한 원인은 미국의 의사가 조선 민중에게 통하지 않았기 때문인데 이는 미국이 한국의 민의를 대표하는 이승만 박사와 협조하기를 싫어하기 때문이다, 남한 사회의 혼란과 생활 조건의 악화는 위정(爲政)의 실패인데 이는 우리에게 자치 능력이 없기 때문이 아니라 미군에게 행정 능력이 없기 때문에 벌어진 일이고, 미국이 신뢰를 얻지 못하는 것은 이승만이 미국의 대방침과 철저히 일치되어 있음에도 미국이 이승만을 배제했기 때문'이다. 그는 '이승만은 한 정당의 당수, 한 정치 세력의 두목이 아니라 곧 조선이고, 조선 사람으로서 이승만을 국부로 생각지 않는 사람이 있다면 그는 조선인의 탈을 쓴 외국인'이라고까지 단언한다.

이 투고는 '한국의 어린 여성이 웨드마이어 장군에게 드리는 눈물의 보고서'라는 신파조 제목을 달았고, 편지 작성자는 글에서 자신이 '시골에 살고 아무 배경도 선입견도 없는 미천하고 나이 어린 여성'임을 수차 강조한다. 하지만 이 글은 내용에서 보듯이 독자 투고를 가장한 일종의 이승만 찬양 기사다. 연재를 끝까지 읽어 본 사람은 누구라도 이것이 신문사 또는 이승만 쪽이 사주해 만든 위장된 민초의 의견이라는 판단에 동의하게 될 것이다.《대한일보》주간이 극우지《대동신문》을 발간하던 이종형의 부인 이취성이었던 점을 고려하면 이런 노골적인 선동을 지면을 이용해 공공연히 펼친 의도를 짐작하고도 남을 것이다.

《대한일보》가 '미천한 어린 여성'의 편지를 동원해 자신의 정체성을 드러내고 있을 때,《조선중앙일보》는 9월 2일 2면 한 면을 거의 전부 할애하여 독자들의 목소리를 전했다. 이 기사는 "웨 특사에게 보내는 시민의 소리, 전 인민은 바란다, 미소 협조로 이뤄지는 통일된 새 나라"라는 제목 아래 각계각층 조선인들을 대표하는 사람들과의 인터뷰 또는 공개서한을 실었다. 공개서한은 평론가 오기영의 것이다. 그는 후일 자신의 평론집『자유 조국을 위하여』에「조선의 실태 — 웨드마이어 사절에 보낸 서한」을 실었는데, 그곳에 이 편지가 8월 26일 작성된 미발표 원고라는 사실을 밝혔다. 신문은 그 서한의 극히 일부를 인용했다. 기사 제목은 신문사 쪽의 '희망적 사고'를 드러내지만 인터뷰 하나하나의 내용은 제목으로 포괄할 수

《조선중앙일보》는 1947년 9월 2일자 신문에서 "웨 특사에게 보내는 시민의 소리, 전 인민은 바란다, 미소 협조로 이뤄지는 통일된 새 나라"라는 제목으로 미소공동위원회의 성공을 바라는 각계각층의 목소리를 담았다.

없을 정도로 다양하다.

　　오기영은 친일파와 민족 반역자 청산을 주장하지만 해방되고 2년이 지났는데도 독립을 이루지 못한 원인을 포괄적으로 제시한다. 문화인 박율은 10월 항쟁의 재조사를 요청했으며, 서울대 학생 문승규는 미소공동위원회 적극 추진을, 변호사 박철은 경제 면에서 온건사회주의적 정책을, 정치 면에서 좌우 합작 정부를 하루 속히 실천할 것을 주장했다. 자유노동자 문충식은 큰 집에 앉아 자동차로 찾아드는 사람만 만나서는 조선 실정을 모를 테니 거리로 나와서 조선인들을 만나 볼 것을 권한다. 초등학교 교원 한병한은 당시 조선의 형태로 보아 장군이 인민의 진실한 소리를 들을 수 있을지 회의적이라는 감상을 솔직히 내비친다. 제일토건회사 사장 김상근은 적산은 조선인의 피와 땀을 끌어모은 것이니 미국에 대한 배상으로 쓰지 말고 당연히 조선에 돌려주어야 한다고 강조한다. 동국대 철학과 교수 강세형은 미소공위가 50차례 이상 지속되면서도 양국이 타협하지 못하는 이유가 뭐냐고 따지며 양국이 비밀 정책을 단념하고 대립을 해결하라고 촉구한다. 의사 정민택은 미소 협조, 어떤 간섭도 없는 남북 총선거, 애국반의 개입 없는 비밀 선거, 선거 전 남북 모두 정치범 석방 등 구체적 요구 사항을 전달한다.

　　이 신문을 비롯하여 당대의 거의 모든 신문이 타블로이드판 2면 체제를 유지했는데《조선중앙일보》는 그날 다른 기사들을 포기하고 지면의 절반 가까이를 시민들의 의견을 싣는 데 사용했다. 장군에게 시민 의견을 전달하는 것이 다른 기사들을 포기할 만큼 중요하다고 판단했던 셈이다.

웨드마이어 장군이 남한을 방문한 1947년 8월은 미소 양군이 한반도를 점령하고 2년여의 시간이 흐른 뒤였고, 한국 사회 나름으로 왜 그리 독립이 지연되는지 그 원인과 해결책을 둘러싸고 진지하게 성찰해야 할 시점이었다. 하지만 1947년 5월 2차 미소공위 개회 이후 남한 사회는 미소공위 성사 여부를 둘러싸고 양분되었고, 신문 보도 또한 그 자장을 벗어날 수 없었다. 한국인들이 장군에게 보낸 편지들도 미소공위 성사를 통한 통일 임시 정부 수립인가, 아니면 반탁 운동으로 모스크바 삼상 회의 결정을 폐기하고 남한 총선거를 통해 단독 정부를 수립할 것인가로 크게 양분되었다.

신문들의 웨드마이어 장군 방한 보도 역시 상당 부분 그 쟁점과 연결되어 소비되었다. 앞서 김희경의 편지에서 언급한 미소공위 미국 쪽 대표단장 브라운 소장의 8월 9일자 성명은 미소공위 협의 대상 단체를 놓고 미소 간에 여전히 의견 충돌이 계속됨으로써 사실상 회담이 1946년 5월의 1차 미소공위 결렬 당시로 돌아갔다는 점을 실토하고, 반탁 단체들도 협의에 참가하여 의견을 개진할 의사 표현의 자유를 가져야 한다는 미국 입장을 재천명했다.

이 성명은 회담이 교착 상태에 빠졌다는 것을 미국이 공식화한 것이고, 우익 계열 정당 단체들에는 2차 미소공위 재개 무렵 미군정이 취한 반탁 운동 억제 방침을 철회하여 반탁 운동에 파란불을 켜 준 것으로 읽혔다. 김희경의 편지가 브라운의 성명을 대성명으로 치켜세운 이유다.

1947년 남한의 운명을 손에 쥐었던 두 미국 군인.
웨드마이어 장군(왼쪽)은 트루먼 대통령의 특사로 남한에 파견돼
활동했으며, 브라운 소장은 2차 미소공동위원회의 미국 쪽
대표로 일했다. 1947년 6월 2일 한국에서의 활동과 관련해
서훈을 받은 브라운 소장에게 웨드마이어 장군이 축하 인사를 하고 있다.

당시 남한의 여론은 이 현안을 어떻게 보았을까? 2차 미소공위 재개 직후인 1947년 5월 28일 미군정 공보부는 한국인들이 지지하는 협의 대상 단체를 묻는 여론 조사를 서울시 모처에서 실시했다. 미군정은 이 문제가 미소 간 회담에서 최대 쟁점이고, 자신들의 회담 전략을 결정하는 데 가장 중요한 문제라고 생각했다. 그런데 이 조사는 제대로 이루어지지 못했다. 조사가 실시되자 민주주의민족전선이 공보부 조사원들이 미리 결탁해 둔 사람들을 동원하여 불순한 조사를 했다고 주장했고, 역으로 공보부도 민전 측에서이 조사를 미리 예측하고 사람들을 동원하는 모략을 책동했다고서로 비난하는 사태가 벌어졌다.

　약 열흘 뒤인 1947년 6월 9일 한국여론협회가 서울시 충무로 입구에서 오전 10시부터 오후 1시까지 통행인 1100명을 대상으로 세 가지 설문을 가지고 여론 조사를 벌였다. 그 결과를 요약하면 공위 성과를 어떻게 보느냐는 질문에 대해 '절대 성공 740명(67%), 의문시된다 202명(18%), 기권 158명(14%)'이라는 응답이 돌아왔다. '만일 결렬된다면 남조선 단독 정부를 어떻게 보느냐?'라는 질문에 대한 답변은 '결사반대 689명(63%), 찬성 253명(23%), 기권 159명(14%)'으로 집계되었다. 정권 형태를 묻는 마지막 설문에는 '인민위원회 596명(54%), 자유 민주 정권 206명(19%), 진보적 민주 정권 72명(7%), 연립 정권 33명(3%), 기권 193명(17%)'이라는 결과가 나왔다.[91]이 조사 결과를 놓고 보자면 서울시민 가운데 70%에 가까운 사람들이 공위 재개 직후 그 성공을 낙관했고, 단독 정부에 대한 반대 의견이 찬성 의견을 압도했다.

미소공위가 재개되자 많은 조선인들이 현실적인 독립의 길은 미소공위를 성사시키는 것뿐이라는 데 동의하는 분위기였고, 그 실패가 가져올 남조선 단독 정부 수립에는 반대 여론이 훨씬 더 많았다. 그러나 미소공위가 다시 교착 상태에 빠지고, 미소 양국이 협조를 통해 문제를 풀 가능성이 점차 희박해지자 한국 사회는 물론 미소 양국 모두 새로운 타개책을 모색하지 않으면 안 되었다. '공위 성공'이라는 희망 고문이 끝나 가는 가운데 반탁 진영이 외치는 '반탁'과 '단정 수립'이 어떤 비극을 잉태할지 두려움과 공포가 한국 사회를 엄습하기 시작했다.

평론가 오기영의 통찰

해방 직후의 정치·사회 현실에 대한 예리한 관찰로 남다른 필력을 인정받았던 평론가 동전 오기영이 1947년 8월 26일 웨드마이어 특사에게 편지를 썼다. 편지의 일부분이 9월 2일자《조선중앙일보》에 실렸지만 전문은 웨드마이어 장군에게 전달되지 않았고, 공개서한 형식으로 1948년 6월에 출간한 그의 평론집『자유조국을 위하여』에 실렸다. 그의 핵심적 주장을 드러낸 서두의 한 부분을 인용하고, 편지의 주요 논지를 요약적으로 제시한다.

《동아일보》 사회부 기자 출신의 오기영은 해방 공간에서 예리하고
냉철한 정세 분석으로 이름을 날렸다. 그는 웨드마이어 특사에게도
신문 지상을 통해 공개 편지를 썼다. 오기영(가운데 화살표)이 참석한
1947년 흥사단 제2차 국내 대회 기념사진. 《한겨레》 자료 사진

트루먼 대통령이 극동 사태를 새로이 파악하기 위하여 중장을 조선에 파견한다고 들었을 때, 동시에 우리는 이것이 미국으로서 '과연 조선 민족은 원조할 가치가 있느냐 없느냐를 다시 한번 감정하는 것'이라는 유력한 정보에 접하고 있었다. 이 유력한 정보가 근거 없는 허구가 아니요 또 이 정보에 대한 우리의 판단에 과오가 없는 한, 이것은 태평양에 돌출한 이 조선 반도의 군사적 요해성(要害性)을 미국으로서 고수할 가치가 있느냐 없느냐를 감정하는 것이라고 생각할 수 있는 것이었다. (중략)

아직 미국이 극동에 대한 관심이 그다지 크지 아니할 때에 일본과 러시아가 이 땅의 군사적 가치에 주목하였으나 미국은 다만 방관하였고 결국에는 러일 전쟁의 승리자에게 조선 침략을 허용하는 포츠머스 조약을 승인한 그것이다. 이 아픈 기억 때문에 우리를 원조하는 것이 아니라, 이 민족의 생명에 대한 가치를 존중하는 것이 아니라 그보다 더 중요하게 이 땅이 가지고 있는 군사적 가치를 고려하는 것이 아닌가 회의하는 것이다.

우리가 회의하는 것이 부당한 오해라면 불행히도 이 오해를 더욱 깊게 한 것은 저 얄타 협정의 38선 획정과 여기에 의한 미소 양강의 분할 점령이라고 지적하지 않을 수 없다. 만일 군사적 이유 이상으로 한 민족의 생명이 중시되었던들 이러한 교수선(絞首線)의 획정은 그 구상부터 천만부당하였어야 마땅할 것이었다. 그런데 이 38선 획정은 아직도 과오로 인정되지 아니하였고 한 민족의 생명을 위하여, 그 민족의 통일 자주독립을 위하여 너무나 시급

한 이 과오의 시정이 아직도 미지수에 속해 있다. (중략)

미국은 과연 조선을 원조할 의도가 있는가? 그렇다면 어째서 조선의 경제 원조안은 울리는 꽹과리와 같이 소리만 컸을 뿐으로 공위 재개를 소련이 수락하는 그것에 의하여 보류되었는가. 이러한 사실을 떠올릴 때마다 우리는 이미 지적한 바와 같이 미국은 조선 민족에게 원조할 가치를 인정하는 것보다는 이 땅의 군사적 가치와 대소 견제 정책을 연결시키고 있지 않은가 의아한 것이다. 이제야 중장의, 조선과 중국의 실태 감정은 미국이 조선과 만주를 포함한 중국을 서구 민주주의 이념에 합치하는 방공 지대(防共地帶)로서 구상하고 있음을 간취할 수 있는 중대 사실로써 인식할 수 있거니와 그렇다 하면 조선에 있어서 유혈의 폭력 혁명을 회피하며 또 소련식 독재 정치를 방어하는 방략은 무엇인가. 중장은 중국 국민 정부에 대하여 '군사력 자체로는 공산주의를 말살할 수 없다는 것을 승인하여야 한다' 하였다. 하물며 자기 수정을 완강히 거부하면서 그냥 모략만으로써 내 편이 아니면 모두 공산주의자요 민족의 적이라고 몰아치는 이성의 경련 상태하에서 무지에 연결된 폭력 행동이나 체포 투옥만으로써 공산주의는 제거할 수 없을 것이다. 오직 이념에 대하여는 이념의 투쟁이 필요하며 진보적이라 호칭하는 사상에 대항하는 것은 실제에 있어서 현사태를 개혁하는 진보적 정책이라야 할 것이다. 그러므로 무엇보다도 이 남조선에 있어서 시급히 시정되어야 할 것이 사회 정책이며 경제 정책이며 그보다도 더 시급한 것이 많은 지식인, 문화인,

민족적 양심을 가진 사심 없는 애국자를 협력자로 불러 모으는 일이다.

그는 미국의 대한 정책이 한반도의 군사적 가치 평가에 의해 좌우됨을 간파하고, 그에 대한 우려로 편지를 시작한다. 편지는 남한의 상황을 시정하고 개혁하기 위한 방책들을 제시하는 데도 많은 부분을 할애했지만 미국 대한 정책의 결정 요인이 한반도의 군사적 가치에 있다는 점을 무엇보다 강조했다. 그는 미국이 주선한 포츠머스 조약이 일제의 조선 강점을 용인했고, 38선 획정과 한반도 분할 점령이 조선의 군사 전략적 중요성과 미국의 대소 견제 정책으로부터 비롯되었으며, 그것이 결국 조선 민족에게는 교수대의 오랏줄이 되었음을 논리 정연하게 제시한다.

편지가 웨드마이어 사절단의 임무가 조선에서 만주로 이어지는 '방공 지대' 설치를 구상한 것이 아닌지 짚어 낸 것은 매우 예리하고 특기할 만하다. 왜냐하면 웨드마이어 사절단이 미국으로 돌아간 뒤 트루먼 대통령에게 제출한 보고서에서 웨드마이어 장군은 만주가 소련의 위성국이 되는 것을 방지하기 위해 만주 지역만이라도 유엔의 신탁 통치하에 둘 것을 촉구했기 때문이다. 만주를 특정한 것은 오기영이 당시 미국의 동아시아 전략의 핵심을 포착했음을 보여 주고, 이는 다른 어떤 저널리스트도 가질 수 없었던 그만의 탁월한 감각과 혜안을 증명한다.

웨드마이어 특사와 그의 사절단은 한국을 떠난 뒤 하와이에

1947년 8월 중국과 남한에 대한 미국 정부의 정책을 수립하기 위해
트루먼 대통령은 웨드마이어 장군을 단장으로 한 사절단을 보내
현지 조사를 벌였다. 웨드마이어 특사는 남한에 대해서는 단독 정부 수립에
대비한 여러 정책을 건의했다. 사진은 동북아시아 방문을 마친
웨드마이어 특사(왼쪽에서 세 번째)가 1947년 9월 15일 보고서 작성을 위해
하와이 오아후섬의 미공군 기지에 도착해 기념사진을 찍은 모습.

1947년 8월 웨드마이어 특사에게 보낸
오기영의 공개서한은 이듬해 발간된
「자유 조국을 위하여」에 그대로 실렸다.

서 2주간 머물며 보고서를 작성했고, 이를 1947년 9월 9일 트루먼 대통령에게 제출했다. 웨드마이어 사절단이 미국의 중국, 한국 정책과 관련하여 갖는 중요성 때문에 그 보고서에 실린 내용과 건의 사항은 미국 정가는 물론 중국과 한국 사회의 중대한 관심사로 떠올랐지만 보고서가 제출되자 미국 정부는 바로 그것을 '비밀'로 분류하여 공개하지 않기로 결정했다. 국무부는 보고서에 민감한 사항들이 있어서 공개하지 않는다고 발표했고, 이는 오히려 보고서에 대한 호기심을 증폭시켰다.[92]

웨드마이어 장군 보고서의 '중국' 부분은 중국의 공산화가 눈앞에 닥친 1949년 8월에야 미국 국무부가 공간한 『중국 백서 (*China White Paper*)』에 일부 내용이 삭제된 채 공개되었다. 백서에 따르면 트루먼 대통령과 애치슨 국무 장관은 당시 정세로 미루어 웨드마이어 장군이 권고한 만주 신탁 통치 실시안의 공개는 중국 주권에 대한 침해로 오해되어 중국 인민의 격렬한 반발을 유발하거나 중국 정부가 자신의 영토를 통치할 능력이 없다는 증거로 간주될 것이기 때문에 비공개를 결정했다고 했지만, 그것을 포함하여 소련을 향해 노골적으로 미국의 속셈을 드러냈다는 점도 비공개 결정에 중요하게 작용했을 것이다.

그렇다면 웨드마이어 장군이 트루먼 대통령에게 권한 조선에 관한 처방은 과연 무엇이었을까? 먼저 지적할 것은 2차 미소공동위원회가 교착 상태에 들어간 1947년 8월 중순 이후 미국은 공위 결렬을 예상하면서 조선 문제의 유엔 이관을 준비하기 시작했다는 점이다. 보고서는 그러한 사태 발전 속에서 작성되었으며 조선에서 미국의 철수 대신 남조선 단독 정부 수립의 효과적인 실행을 위한 건의 사항을 제시했다. 그는 이 선택으로 통일된 독립 국가 수립이라는 목표를 달성할 수는 없지만 최소한 조선의 절반을 소련의 수중에서 떼어 냄으로써, '한반도의 군사적 중립화'를 가져올 수 있을 것이라고 주장했다. 편지가 우려한 중국의 일부 지역과 조선을 잇는 '방공 지대' 구상이 보고서 작성의 전제가 된 것이다.[93]

　　웨드마이어 장군 보고서의 '조선' 부분도 1951년에 가서야 내용 중 상당 부분이 삭제된 채 공개되었다. 삭제된 내용은 주로 이승만 등 극우 세력의 테러 활동, 군정 관리 경찰의 친일 행적과 부정부패에 대한 신랄한 비판 부분이었다. 보고서는 전반적으로 남조선 단정 수립에 대비해 국내의 정치적 혼란을 극복할 수 있는 내부적 개혁을 촉구했으며, 이는 보고서의 중국 관련 내용과 마찬가지로 미국의 원조를 위한 사전 정비의 필요성을 강조한 것이었다. 군사적으로는 조직, 훈련, 장비를 제공하여 강력한 남한 군대를 육성할 것을 건의했고, 경제적으로는 적절한 구호 계획하에 원조를 확대할 것을 건의했다. 웨드마이어 장군의 보고서가 대중국 정책으로 만주 신탁 통치안을 건의했던 것에 비해 대조선 정책은 오히려 신탁 통치안의 폐기를 전제로 남조선 단정 수립에 대비한 군사력의 강화를 요청한 것이다.

　　편지 인용 중 마지막 부분의 '군사력으로 공산주의를 말살할 수 없다'는 언급은 웨드마이어 중장이 8월 24일 중국을 떠나며 발표한 성명서 내용을 당시 신문 기사에서 그대로 옮겨 온 것이다. 그 성명서는 국민당 정부의 근본적이고 광범한 정치·경제 개혁을 촉구했다.[94] 편지는 그 성명서에 빗대어 미국을 향해 남조선의 근본적인 사회·경제 개혁을 촉구하고, 미군정이 좌익과 중도파에 대한 공격과 탄압을 멈추게 하여 민심을 수습할 것을 요구한 것이다.

일제 강점기에 사회부 기자로 첫발을 내디딘 이래 오기영에게는 '신문계의 일재(逸才)'라는 평가가 늘 따라다녔다. 그러나 그는 해방 이후 자주적인 경제 건설 없이 완전한 자주독립은 없다는 평이한 진리를 믿고 정치에 대한 관심 또는 신문인으로서의 경험을 내던지고 산업계의 일졸(一卒)로 나서서 경성전기주식회사에서 총무부장 등을 지냈으나 끝내 투필(投筆)에 실패하고 기회가 허락할 때마다 해방 이후의 정치적 격변과 경제적 혼란, 사회적 난맥상, 급변하는 국제 정세를 자신만의 시각과 관점으로 정리하는 평론들을 집필했다.

그는 웨드마이어 장군에게 보내는 서한을 비롯하여 편지 형식의 평론을 네 차례나 집필했다. 첫 번째 편지를 "민족의 비원"이라는 제목으로 《신천지》 1946년 10월호에 실었고, 두 번째 편지를 "속 민족의 비원"이라는 제목으로 《신천지》 1946년 11월호에 실었다. 전자는 '하지 중장과 치스차코프 중장을 통하여 미소 양 국민에 호소함', 후자는 '경애하는 지도자와 인민에게 호소함'이라는 부제를 달았다. 세 번째 편지가 웨드마이어 장군에게 보낸 서한이었다.

제목과 부제에서 보듯이 그의 편지들의 수신자는 각각 미소 점령군 사령관과 미국 대통령 특사, 미소 양국의 인민, 조선인 좌우 지도자들과 인민이었다. 수신자에 따라 내용이 다르지만 '비원'이라는 제목을 붙인 데서 나타나듯 그는 편지들에서 조금도 주저하지 않고 비장한 염원을 드러냈다. 편지들은 '사상은 두 가지나 조국은 하나뿐'이라는 그의 신조하에 미소 분점하 조선의 기구한 운명과 자주독립이라는 민족의 비원을 점령군 당국자, 점령국 지도자와 인민에게 호소했고, 조선인 지도자들과 인민에게는 '외적에게 무력하고 내쟁(內爭)에는 용감한 백성'이 되지 말고 '친미반소나 반미친소나 또는 어느 한편에만 치우치는 사대주의'를 극복할 것을 호소했다.

네 번째 편지는 "미소 인민에게 보내는 공개장 제1부 미 인민에게 보내는 글월"이라는 제목으로 1949년 6월 10일 발행된《새한민보》에 실렸다. 편지는 '지배의 탐욕에 집착한 사람들에게 우리의 심정을 호소한다는 것이 얼마나 무용의 노력인가'를 깨달은 그의 실망감과 허탈감을 솔직히 내비치며, '평화와 자유를 사랑하고 인간성의 존엄을 승인하는 인민'에게 조선을 엄습하는 전쟁의 위기의식을 피력하며 반전 평화 운동에 나서 줄 것을 호소했다. 펜으로 조선의 독립에 일조하려 했던 한 저널리스트가 전쟁을 막기 위해 마지막으로 의지한 것은 점령국의 평화와 자유를 사랑하는 민초들이었고, 그곳에서 그의 펜이 멈췄다.

7장

단선·단정이냐, 통일 정부냐

미군과 소련군 철수론

38선 바로 아래 개성에 사는 백양기라는 청년이 1947년 9월 1일 웨드마이어 장군에게 편지 한 통을 보냈다. 미농지 두 장에다 청년답게 활발한 필체로 써 내려간 이 편지는 "경애하는 웨데마이어 장군 각하!"를 몇 번씩 되풀이하면서 그에 대한 감사와 조선인들이 그에게 갖는 기대를 피력한다. 편지의 주요 부분을 소개한다.

경애하는 웨데마이어 장군 각하! 조선 인민은 어디까지나 불행한 민족인가 봅니다. 이 좁은 조선 땅이 비극적 기현상인 38선으로 양분됨에 따라 참으로 눈물겨운 참사를 모든 인민은 뼈아프게 체험하였고 질서 없는 과도기적 사회, 극도로 혼란된 경제 상태는 온 인민을 낙망과 눈물의 생활로 여지없이 몰아넣고야 말았습니다. 그러나 모든 인민은 도탄 속에서 부르짖고 있습니다. '남북이 통일된 자주독립국가를 하루속히 이루기를.'
일시적 고식책으로 남조선만이라도 정부를 선다 함은 부득이한 조치로도 생각되오나 우리 조선 인민은 2년간의 짧은 경험만으로

존 콜터 주한미군사령관이 1948년 9월 12일
행정권을 대한민국 정부에 이양한 뒤 이범석 국무총리와
악수하고 있다. 이범석 오른쪽은 윤치영 초대 내무부 장관.

도 양분되어 존립할 수 없음을 뼈아프게 느껴 왔습니다. 경애하는 웨드마이어 장군 각하. 그러나 북조선에선 소련적 체계하에 확고한 체제를 수립하려 힘쓰며 남조선 역시 미국적 체계하에 확고한 체제가 있기를 노력함은 명백한 사실일 겁니다. 그러면 미소 양군이 주둔하여 있는 이상 그 대립적 체제는 더욱 강력하여 가며 그에 따르는 민족적 분열도 극심하여 갈 것입니다. 우리는 현재 이 사실을 목격하고 있는 바입니다. 지금 모든 인민은 최대의 불안과 우려에 빠져 최후적으로 기적적 서광을 고대하고 있습니다.

경애하는 장군 각하. 미소공동위원회를 통하여 모스크바 삼상 결정을 신속히 강력한 조직하에 추진이 있기를 모든 인민은 갈망하며 이를 기원하는 바입니다.

편지지 중앙에 '공립국민학교'가 빨간색 활자로 찍힌 것으로 보아 그는 초등학교 교사였을지도 모르겠다. 그는 미소 양군이 주둔해 있는 이상 남과 북의 대립적 체제가 더 강력해지고 그에 따라 민족 분열도 더 극심해질 것이라는 현실 인식 위에서 웨드마이어 장군에게 통일된 자주독립국가 수립이 그를 포함한 모든 조선 인민의 한결같은 소원이라고 절절하게 호소한다. 웨드마이어 특사에게 극우파가 보낸 편지들은 신탁 통치 반대와 총선거를 통한 사실상의 남조선 단독 정부 수립을 주장했고, 좌파와 중도파의 편지들은 미소공위 성공을 통한 임시 정부 수립을 요구했지만, 백양기는 그 실

해방 직후 북한에 진주했던 소련군은 조선민주주의인민공화국이
출범(1948년 9월 9일)한 이후 철수하기 시작해 그해 말까지 철군을 완료했다.
1948년 12월 26일 평양시 환송대회를 끝마치고 김일성 수상(왼쪽)과 함께
소련으로 떠나는 기차를 타러 평양역으로 걸어가는 소련군 사령관들.

현을 '최후적이고 기적적인 서광'으로 표현할 만큼 그 실현 가능성에 대해 믿음을 잃어 가고 있고, 그만큼 절박하다.

1947년 8월 중순 이후 협의 대상 정당·사회단체 문제로 미소공위가 재차 난항에 빠지자 한국 사회에 민족 분열의 위기가 현실화되기 시작했다. 그는 웨드마이어 장군에게 시종일관 예의를 갖추어 정중하게 호소하고 있지만 그의 편지에서는 미소공위가 성사되지 않으면 민족 분열을 막을 수 없다는 위기의식이 그대로 묻어난다.

민중동맹이라는 중간파 계열의 단체가 웨드마이어에게 보낸 편지는 미소 양국이 협의 대상 문제로 미소공위 협상이 정체되었다고 하는 것은 핑계에 불과하고, 그러한 태도는 조선인을 더욱 실망시킬 뿐이며 그 진의를 의심하게 만든다고 내뱉는다. 편지는 '이른바 반탁이니 찬탁이니 하는 것도 비굴한 극우파와 좌파가 대중들을 흥분시키고 선동하여 그들을 자기네 노선으로 유인하기 위한 정치적 수단에 불과하다'며 '조선인이라면 그 누구도 반탁을 반대하지 않을 것이나, 신탁 통치 반대가 모스크바 결정 반대가 되어서는 안 된다'고 주장한다. 민중동맹은 원세훈의 영향하에 있었고, 미군정은 이 단체를 중도우파로 분류했지만 구성원의 다수는 보수적인 민족주의 계열의 인사들이었다.

점령군 당국은 조선인들 내부의 좌우 대립과 찬·반탁 투쟁으로 모스크바 삼상 결정이 이행되지 못하는 것처럼 몰아갔지만 위의 편지들은 모두 조선인들의 고통과 불행의 근원이 미소의 분할 점령과 양국의 패권 경쟁에서 비롯되었다는 점을 강조한다. 이러한 상황 인식은 당시 양식 있는 한국인들에게는 전혀 특별한 것이 아니었고 오히려 일반적이었다. 평론가 오기영은 그 점을 역사적으로 반추하며 1946년 10월 한 잡지에다 점령군의 두 수장인 하지 장군과 치스차코프 장군에게 양군 철퇴를 요구하는 공개서한을 발표했다.[95]

사십 년 전에 노서아는 39도 이북의 세력을 주장하다가 패전에 의하여 많은 권익을 잃었고 오늘날 일본의 패망에 의하여 포츠머스 조약의 무효와 함께 그때 빼앗긴 모든 권익의 회복과 아울러 38도선이 생겼다는 것을 생각할 때에 우리는 사십 년 전 제정 노서아의 극동 정책과 현재의 소련 극동 정책이 근본에 있어서 전자는 침략이요 후자는 해방인 것을 믿기는 하면서도 어디엔가 공통되는 그 무엇이 섞여 있지나 않나 하는 의구를 가지는 것은 결코 무리가 아니라고 이해하기 바랍니다. 이것은 미국에 대하여도 마찬가지입니다. 언제는 일본을 위하여 조선의 멸망을 시인하고 이제는 또 38도선을 규정하였다는 것은 도대체 사십 년 전이나 사십 년 후나 그 안중에는 정작 조선 땅의 주인은 없는 것이 아닌가 묻고 싶은 것입니다.

소련이나 미국이나 우리에게 오직 해방의 은의(恩義)만을 남기고 이런 의구를 일소하는 것은 간단하고 용이한 일입니다. 그것은 다른 것이 아니라 두 군대가 다 하루속히 물러가는 그것입니다. 우리는 일본군의 무장 해제를 위하여 진주하는 해방자를 환영하였습니다. 그뿐이었습니다. 독립까지 당신네의 군대 주둔하에, 말하자면 양군의 무력 대치하에서가 아니면 아니 될 이유는 추호도 없습니다. 양군이 진주하던 그때는 아직 일본의 무력이 우리를 위협하고 있던 때요 또 너무 파리하였던 민중이 마음으로만 가득할 뿐으로서 환영조차 변변히 못하였던 것은 부끄러운 일입니다마는 이제 양군이 철퇴(撤退)할 때는 우리는 우리 맘껏 성의를 다하여 환송할 것입니다. 독립은 우리끼리의 통일에 맡기고 물러가 주면 우리는 우리의 자각에 의하여 좌우의 등 뒤에 있는 무력의 눈치를 살필 것 없이 완수할 수 있습니다. 하건마는 양국은 모두 조선의 독립을 보고야 갈 것을 기회 있는 때마다 성명하고 있습니다. 그러나 실상은 피차 상대방이 물러가지 아니하니 혼자만 물러갈 수 없다는 것이 진실일 것입니다.

에드거 스노는 "양국의 군대가 과연 철퇴할 의사가 있는지를 의심하며 조선이 영구히 분할 점령되지나 않을까 두려워한다." 하였는데 이것은 우리의 은근한 걱정을 솔직히 대변한 것입니다. 그러므로 우리가 양국의 군대를 향하여 똑같이 간절하게 희망하는 것은 그만 조선을 놓아달라는 것입니다. 그것이 진정한 해방이요 진정한 원조요 진정한 친선인 것을 강조하는 바입니다.

이 공개서한이 발표된 1946년 10월만 해도 미소 모두 군대 철수를 현실적으로 고려하지 않았고, 조선 사회도 38선 이남이나 이북이나 점령군 철수 문제를 현안으로 삼을 여건과 상황에 있지 않았다. 그러나 1947년 여름이 저물어 갈 무렵 양군 철수 문제는 미국과 소련은 물론 조선 사회가 마주하지 않으면 안 되는 현실이 되었다. 1945년 8월 해방 직후만 해도 조선인들은 점령군을 해방의 은인으로 환영했으나 2년의 점령 기간은 오기영의 표현대로 그 은혜를 의심하게 만들었고, 또 그 점령이 남과 북에 초래한 현실의 변화가 양국 군대의 철수를 국제적으로나 국내적으로나 풀기 어려운 고차 방정식으로 만들었다.

2차 미소공위가 정체 상태에 빠지자 미국은 조선 문제의 유엔 이관을 준비하기 시작했고, 마침내 9월 중순 조선 문제를 유엔에 상정했다. 미국의 행동은 소련은 물론 영국과 중국의 동의도 받지 않은 일방적인 것이었고, 소련은 미국의 행동을 비판하면서 9월 26일 양군 동시 철병 후 조선인에 의한 조선 문제의 자주적 해결을 역으로 제안했다. 어느 방안이나 모스크바 삼상 결정이라는 국제 공약을 사실상 파기하는 것이었고, 점령의 종식을 전제로 하는 것이었다. 이제 미·소 모두 자국 군대의 점령을 대신할 현실적 해결책을 마련하지 않으면 안 되었다.[96] 또 오기영은 양군 철퇴를 한국인들이 환영할 것이라고 예측했지만, 남조선 사회의 경우 어느 방안으로 한국 문제를 해결하느냐에 따라 각 정치 세력의 미래가 달라질 것이 자명했으므로 양측의 서로 다른 방안은 정치 세력들 사이에서 격렬한 반응을 초래했고, 두 가지 방안을 둘러싸고 남한 사회가 요동하기 시작했다.

상반된 두 가지 처리 방안에 대한 남조선 사회의 반응은 과연 어땠을까? 그 전에 먼저 미국 쪽 방안이 사실상 전제하고 있는 총선거를 통한 남조선 단정 수립 방안에 대한 여론부터 살펴보자. 한국여론협회가 1947년 9월 11일 서울시내 정당·사회단체, 관공서, 언론계, 교육계, 산업계 기타에 걸쳐 저명인사 624명을 대상으로 '남조선 단독 정부 과정으로 향하고 있는 총선거는 단연히 중지해야 한다'는 백범 김구의 주장에 대해 찬반 의견을 물었다. 조사 결과는 반대 137명(22%), 찬성 187명(30%), 조건부 찬성 175명(28%), 회답 포기 125명(20%)이었다. 각계 지도자들을 대상으로 한 조사였던 만큼 여론 주도층의 견해를 드러냈다고 할 수 있는데 남조선 총선거 반대 여론이 60%에 가까웠고, 찬성은 22%에 그쳤다.[97]

같은 여론협회가 약 한 달 뒤인 10월 17일 서울의 각계각층 저명인사들을 대상으로 유엔에서 조선 문제 성공 가능성, 미소 양군 동시 철퇴에 대하여 설문했는데 그 회답은 다음과 같았다. 조선 문제가 유엔에서 성공할 것이라고 보느냐는 설문에는 성공한다는 응답이 17%, 성공하지 못할 것이라는 응답이 83%였고, 미소 양군의 동시 철퇴 문제를 어떻게 보느냐는 설문에는 찬성이 57%, 반대가 43%였다.[98]

이 여론 조사는 남한의 여론 주도층이 조선 문제를 유엔에서 다루자는 미국 쪽 제안의 성사 가능성을 매우 낮게 보았음을 보여 준다. 두 조사 모두 서울 거주자, 그것도 여론 주도층을 상대로 한 것이기 때문에 그 조사 결과를 남한 주민 전체의 여론으로 확대

단선·단정이냐, 통일 정부냐

해석할 수 있을지 모르겠지만, 역으로 어쨌든 급박한 정세 변화를 주체적으로 소화할 수 있는 조선인들의 여론은 남조선만의 정부 수립, 조선 문제의 유엔 이관을 반대한 셈이다. 10월의 여론 조사를 9월의 조사와 비교하면 양군 동시 철퇴 찬성은 김구의 주장에 대한 찬성과 거의 같고, 조선 문제가 유엔에서 성공할 것이라는 예측은 그 비율이 김구의 주장에 대한 반대와 비슷하다. 총선거를 통한 남조선 단정 수립 반대가 양군 동시 철퇴 찬성으로 옮아간 것으로 볼 수 있고, 여론 주도층의 경우 남북 분리 정부 수립을 어떻게든 막아야 한다는 여론이 60%에 이르렀다고 추론할 수 있다.

주한 미군 사령관 하지는 소련이 양군 동시 철퇴를 제안하자마자 바로 '우리가 한국에 온 이래로 가장 감내하기 힘든 선전 책동이다. 그것은 광범한 파급 효과를 갖고 있고, 한국인들뿐 아니라 전 세계 약소국들의 지지를 더 광범하게 얻어 내기 위한 시도'였다고 평했는데, 위의 여론 조사 결과는 점령군 사령관으로서 오랜 시간 남한 정치를 관찰한 뒤 그가 얻은 나름의 혜안을 보여 준다.

김구의 북행과
남북 협상

백범 김구와 우사 김규식이 1948년 2월 16일 백연 김두봉과 김일성에게 서한을 보냈다.[99]

백연 인형(仁兄) 혜감(惠鑑)

(중략) 인형이여 지금 이곳에는 38선 이남 이북을 별개국으로 생각하는 사람도 많습니다. 그렇게 만들려고 노력하는 사람도 많습니다. 그쪽에도 그런 사람이 없지 아니하리라고 생각됩니다. 그 사람들은 남북의 지도자들이 합석하는 것을 희망하지도 아니하지마는 기실은 절망하고 이것을 선전하는 사람도 많이 있습니다. 인형이여 이리해서야 되겠나이까. 남이 일시적으로 분할해 놓은 조국을 우리가 우리의 관념이나 행동으로써 영원히 분할해 놓을 필요야 있겠습니까.

인형이여, 우리가 우리의 몸을 반 쪼개 낼지언정 허리가 끊어진 조국이야 어찌 차마 더 보겠나이까. 가련한 동포들의 유리걸개(流離乞丐)하는 꼴이야 어찌 차마 더 보겠나이까.

인형이여, 우리가 불사(不似)하지만 애국자임은 틀림없는 사실이 아닙니까. 동포의 사활과 조국의 위기와 세계의 안위가 순간에 달렸거늘 우리의 양심과 우리의 책임으로써 편안히 앉아서 희망 없는 외력에 의한 해결만 꿈꾸고 있겠습니까.

그럼으로 우사 인형과 제(弟)는 우리 문제는 우리 자신만이 해결할 수 있다는 것을 확신하고 남북지도자회담을 주창하였습니다. 주창만 한 것이 아니라 이것을 실천하기로 결심하였습니다. 그리하여 이 글월을 양인의 연서로 올리는 것입니다. 우리의 힘이 부족하나 남북에 있는 진정한 애국자의 힘이 큰 것이니 인동차심(人同此心)이며 심동차리(心同此理)인지라 반드시 성공되리라고 확신

남북 협상을 위해 1948년 4월 북으로 가던 도중
개성에서 북서쪽으로 7킬로미터 떨어진 여현의
38선 표지 앞에서 김구와 아들 김신(오른쪽),
비서 선우진. 「사진으로 본 해방 30년」 수록.

합니다. 더구나 북쪽에서 인형과 김일성 장군이 선두에 서고 남쪽에서 우리 양인이 선두에 서서 이것을 주창하면 절대다수의 민중이 이것을 옹호할 것이니 어찌 불성공할 리가 있겠나이까.

인형이여 김일성 장군께는 별개로 서신을 보내거니와 인형께는 수십 년 한곳에서 공동 분투한 구의(舊誼)와 4년 전에 해결하지 못하고 둔 현안 해결의 연대 책임과 애국자가 애국자에게 호소하는 성의와 열정으로써 조국의 땅 위에서 남북지도자회담을 최속한 기간 내에 성취시키기를 간청합니다. 남쪽에서는 우리 양인이 애국자들과 함께 이것의 성취를 위하여 최선을 다하겠나이다. 지단어장(紙短語長)하여 미진소회(未盡所懷)하니 하루라도 일즉 회음(回音)을 주소이다.

조국의 완전 독립과 동포의 자유행복을 위하야 인형께서 노력자애하시기를 축도하면서 불원한 장래에 우리에게 면서(面敍)할 기회가 있기만 갈망하고 붓을 놓나이다.

김구, 김규식, 이승만은 당시 우익의 세 거두로 불렸는데 이것은 이승만을 제외한 남의 두 거두가 북의 두 지도자에게 남북지도자회담을 요청한 편지다. 김두봉은 당시 북조선노동당 위원장이었고, 김일성은 북조선인민위원회 위원장이었다. 김구는 1944년 가을 중국 국민당 구역인 충칭에 머물 때 공산당 구역인 옌안에 머물던 김두봉과 서한을 주고받으며 항일공동전선을 모색하기 위해 노력했으나 끝내 불발로 끝났던 것을 상기시키며 이번에는 기어이 지도자 회담을 성취시키자고 호소한다.

양 김씨가 이 편지를 발송하기 직전인 2월 13일 미국과 중국은 유엔에 소총회 소집을 제안했다. 소총회는 총회와 총회 사이에 개최하여 여러 국가들 간에 서로 상충하는 안건을 심의한 뒤 안전보장이사회나 총회에 상정할 수 있는데, 당시 소련을 비롯한 몇 나라가 총회에 참가하지 않자 미국과 중국은 소총회를 개최하여 조선 문제 토의를 첫 안건으로 제출했다. 소총회에서 유엔조선임시위원단(UNTCOK: UN Temporary Commission on Korea)의 조선 문제에 대한 보고에 이어 격론이 벌어졌다. 위원단은 미국이 조선 문제를 1947년 10월 유엔총회에 상정한 뒤 소련의 불참 속에 유엔총회가 한반도에서 인구 비례에 따른 총선거 실시, 위원단 파견을 결의함으로써 설치되었다. 위원단은 오스트레일리아, 캐나다, 중국, 엘살바도르, 프랑스, 인도, 필리핀, 시리아 등 8개국 대표로 구성되었으며, 우크라이나도 지명되었으나 참여를 거부했다.[100]

위원단은 1948년 1월 남조선에 도착하여 남조선 지도자들과 선거 감시 및 관리 방안을 논의했으나, 소련군이 위원단의 38선 이북 지역 출입을 거부함으로써 유엔총회가 결의한 전 조선 선거는 실시할 수 없게 되었다. 위원단은 남조선 지역에서만 선거를 실시할지 심의했지만 내부적으로 의견이 갈렸다. 중국, 필리핀, 엘살바도르, 프랑스는 단독 선거라도 실시하자고 주장했고, 호주, 캐나다, 인도, 시리아 대표는 반대했다. 결국 위원단은 독자적 결론을 내지 못하고 유엔총회에 자문을 구하는 보고서를 제출했다.

仁兄이여 우리가 不似하지만 愛國者임은 틀림없는 事實이
아닙니가. 同胞의 死活과 祖國의 危機와 世界의 安危가 이에
間에 달렸거늘 우리가, 良心과 우리의 責任을써 便宜히
않어서 希望없는 外力에 依한 解決만 苦待하고 있겠음니가
그럼을 志史仁兄과 弟는 우리 自身만이 解決
할수 있는것을 確信하고 南北指導者會談을 主唱하였음니다
이런것을 通人의 連署로 올리는것임니다 實踐하기로 決心하며
이것을 通人의 連署로 올리는것임니다 우리의 힘이 不足하나 우리하며
南北에 있는 眞正한 愛國者의 힘이 큰것이니 人同此心이며 心同此理
안지라 반드시 成功되리라고 雄信합니다. 더구나 北平에서 仁兄
와 金日成將軍이 先頭에 서고 南쪽에서 우리 兩人이 先頭에 서서
이것을 主倡하면 統一獨敎의 民衆의 이것을 擁護할것이며 엇
지 不成列한 理가 있겠나니가.

大韓民國臨時政府主席用箋

1948년 2월16일 김구와 김규식이
남북정치지도자회담을 제의하기 위해
북한의 김두봉과 김일성에게 보낸 편지의 일부.
『백범 김구 전집』 8권 수록.

유엔 소총회는 격론 끝에 1948년 2월 26일, 소련 등 공산 진영 11개국이 불참하고 11개국이 기권한 상태에서, 캐나다와 호주를 제외한 31개국이 찬성하여 위원단이 선거 가능 지역에서만이라도 선거를 감시하라는 결정을 내렸다. 이에 따라 위원단은 논란 끝에 1948년 5월 찬성 4, 반대 2(호주, 캐나다), 기권 2(인도, 프랑스)로 선거안을 가결했다. 캐나다와 호주는 극우 단체를 제외한 조선 내의 모든 정당이 선거를 보이콧하는 중대한 사태가 발생했다는 이유로 남조선만의 선거를 반대했다.

김구와 김규식은 이미 소총회 결정이 있기 전부터 단선(단독선거) 반대 국민운동의 전개를 협의 중이었는데 유엔 소총회 결정이 국내에 전해지자 김구는 그 결의가 '조선 문제에 대한 유엔 결정에 위배되는 남조선 단선을 실시키로 한 것은 민주주의의 파산을 세계에 선고한 것'이라며 커다란 실망감을 표시했다.[101] 3월 18일 개막한 대한독립촉성국민회 전국대표대회에 보내는 메시지에서는 '결의안이 일국 신탁을 강요하는 것이고, 38선을 국제적으로 합리화하는 것이며, 우리로 하여금 동족상잔을 하게 만드는 것'이라며 반대 의사를 명확하게 밝혔다.[102]

유엔 소총회 결정은 한국 사회의 단선·단정(단독 정부) 반대 운동에도 불구하고 사실상 남조선 단독 선거 실시가 현실화될 수 있는 조건을 만들었고, 김구, 김규식의 편지는 그렇게 분단의 위기가 날로 깊어 가는 가운데 북에 전달되었다. 북은 3월 25일 밤 평양방송을 통해 북조선민주주의민족통일전선중앙위원회 명의로 유엔 결정과 남조선 단선·단정을 반대하고, 통일적 자주독립을 이루기 위하여 전조선 정당·사회단체 대표자 연석회의를 4월 14일부터 평양에서 개최할 것을 제안했다. 같은 날 김일성, 김두봉이 연서로 김구, 김규식에게 보낸 서한은 인편으로 27일 전달되었다. 북의 양 김씨는 정당·사회단체 대표자 연석회의와 별개로 남과 북의 소범위 지도자 연석회의를 4월 초에 평양에서 개최하는 데 동의한다는 뜻을 전했다.[103] 이로써 분단을 저지하기 위한 조선인들의 최후 노력인 남북 협상이 성사되었다.

미군 점령 당국은 남북 협상을 공공연하게 반대할 경우 몰아칠 역풍을 고려하여 '지원도 방해도 하지 않을 것'이라고 애써 무관심한 척하며 냉소를 보냈지만 본국의 국무부나 미군정 모두 남북 협상을 저지하기 위해 애썼다. 미국은 특히 김구, 김규식의 북행을 저지하는 데 노력을 집중했다. 양 김씨의 북행이 일정에 오른 남조선 단선과 단정 수립에 부정적 영향을 줄 것이고, 결과적으로 그것은 미국과 유엔의 권위에 심각한 손상을 끼칠 것이 자명했기 때문이다. 무엇보다 미국이 점령 기간 내내 지지를 표명했던 우익의 두 거두가 미국 측 조선 문제 해결 방안에 대해 명확히 반대하고, 조선인에 의한 독자적 해결 방안을, 그것도 남북 합작을 통해 추진하는 것은 미국의 대조선 정책과 점령 정책 모두에 치명적 타격이었다.

이승만 역시 남북 협상에 대해 관심이 없다는 태도를 취했지만 단정 추진 세력은 양 김씨의 북행을 만류하고 저지하는 데 총력을 집중했다. 극우 계열의 신문들을 총동원하여 김구의 노선 전

1948년 4월 19일 김구가 남북 협상을 위해
평양으로 가지 못하게 하려고 우익 청년과 학생들이
서울 경교장 문 앞에 모여 있다.

환을 비난하거나 그에게 공산당의 계략에 말려들지 말 것을 호소했고, 김구의 출발 날짜가 다가오자 극우 청년 단체 소속의 청년 학생들이 그가 머물던 경교장을 에워싸고 그의 출입을 봉쇄하는 등 실력 행사도 서슴지 않았다.[104]

남조선 사회의 반응과 분위기는 당시 지성계를 대표하는 문화인 108명이 4월 14일 발표한 성명에 잘 나타난다. 성명에는 제헌헌법을 기초하고 초대 법제처장을 지낸 유진오는 물론 언론인 설의식, 문학자 이병기, 시인 김기림, 정지용, 염상섭, 경제학자 이순탁, 최호진, 철학자 신남철, 여성 교육가 차미리사 등 좌우를 불문하고 학계, 언론계, 문학계, 교육계 등을 대표하는 지식인들이 대거 참여했다.[105]

（전략）'가능 지역' 선거는 …… 명목과 분장은 하여튼지 남방의 '단정'이 구성되는 남방의 '단선'인 것은 말할 것도 없는 바이니 38선의 법정적 시인인 것도 두말할 것이 없는 것이다. 38선의 실질적 고정화요, 전제로 하는 최악의 거조인지라 국토 양단의 법리화요, 민족 분열의 구체화인 것도 분명한 일이다. 그리하여 그 후로 오는 사태는 저절로 민족 상호의 혈투가 있을 뿐이니 내쟁 같은 국제 전쟁이요, 외전 같은 동족 전쟁이다. 동족의 피로써 물들이는 동포의 상잔만이 아니라 동포의 상식(相食)만이 아니라 실로 어부의 득을 위하여 우리 부자의, 숙질의, 형제의, 자매의 피와 살과 뼈를 바수어 바치는 혈제의 참극일 뿐이니 이 어찌 있을 수

있는 일이겠는가? (하략)

김구가 그 무렵 보여 준 정세 인식이나 그가 견지한 노선뿐만 아니라 위의 문화인 성명도 분단이 필연적으로 외세의 종속을 초래할 것이고 결국 동족상잔으로 이어질 것이기에 단호하게 그것만은 막아야 한다는 입장이다.

김구는 단선을 위한 유권자 등록이 실시되고, 또 극우 청년 학생들이 그를 막아서는 어수선한 분위기에서 '손수건 하나 챙기지 못한' 채 북행길에 올랐다. 4월 19일부터 30일까지 진행된 남북 협상은 참가자들이 '외국 군대 즉시 동시 철거, 외국 군 철수 후 내전이 발생할 수 없다는 것에 대한 확인, 총선에 의한 통일 정부 수립, 단선 단정 반대와 불인정'을 합의하는 데 이르렀으나 그 합의는 어느 것도 제대로 실현되지 못했고, '내쟁(內爭) 같은 국제 전쟁이요, 외전(外戰) 같은 동족 전쟁'을 막아 내지 못했다.[106]

인민군 병사의 총구멍 난 수첩

백범 김구의 입국 서약 편지와 일본 거주 어린이가 현금 1000엔 이상을 소지하고 귀국할 수 있도록 해 달라고 점령군 당국에 호소한 편지로 시작한 책이 남북의 지도자들이 주고받은 편지로 끝을 맺게 되었다. 인용한 편지들은 낱장에 불과했지만 한국인들이 겪은 해방의 공간, 점령의 시간을 나름대로 증언했다. 격동의 시대를 규정한 구조적 조건, 무대 앞쪽과 흑막의 뒤편에서 다양한 인간 군상들이 엮어 낸 천변만화의 활동들, 당시 한국 사회가 뿜어낸 열기와 광기를 어찌 한두 장의 편지로 드러낼 수 있을까마는 필자가 편지 속에서 읽어 내려고 노력한 당대의 습속과 정신을 독자들과 조금이라도 공유할 수 있다면 필자로서 그것보다 기쁘고 즐거운 일은 없을 듯하다.

편지들을 수집하는 과정에서 6·25 전쟁 중에 미군이 인민군으로부터 노획한 병사 수첩 하나를 발굴했다. 왼쪽 상단과 하단이 피로 붉게 물든 이 수첩은 동부전방연락소 연락병 강신현의 것이다. 당시 연락병은 대부분 소년들이었다. 이 수첩을 상자에서 꺼내 드는 순간 의자에 털썩 주저앉을 수밖에 없었다. 수첩은 아마 병사의 상의 가슴 쪽 주머니에 들어 있었을 텐데, 왼쪽 하단을 총알이 관통했다. 주변에 선명한 핏자국이 그대로 남아 있다. 한 면 한 면 빼곡하게 적힌 잡다한 내용보다 수첩 자체가 그 어떤 자료보다 분단의 비극을 절절하게 재현한다.

해방에서 전쟁에 이르는 기간에 축적된 긴장과 공포가 여전히 우리 사회를 짓누르고 있다. 그 역사를 통해서 우리가 명심해야 할 가장 큰 교훈은 전쟁으로 자식을 먼저 보낸 부모들이 그들의 제사상을 차리는 일만큼은 다시는 이 땅에서 일어나지 않아야 한다는 것이다.

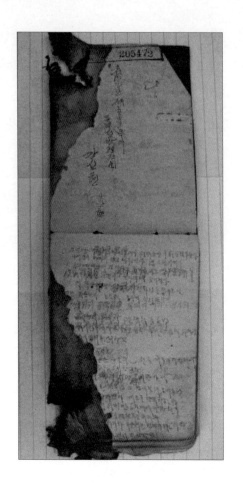

인민군 연락병이었던 강신현의 병사 수첩. 총탄이 지나간
흔적과 혈흔이 고스란히 남아 있다. 미군이 노획한 문서 중 하나로
미국 국립문서관에 보관돼 있다.

주석

1 'Marcos Zapata', https://en.wikipedia.org/wiki/Marcos_Zapata.

2 편지, 일기 등 에고도큐먼트의 자료적 특성과 그것이 역사 연구에서 갖는 중요성에 대해서는 다음의 글들을 참고. 클라우디아 울브리히, 박성윤 옮김, 「역사적 시각으로 본 유럽의 자기 증언 — 새로운 접근들」, 《역사비평》 100호, 2012; 니시카와 유코, 서민교 옮김, 「근대에 일기를 쓴다는 것의 의미」, 같은 책; 한성훈, 「개인의 편지에 나타난 북한 인민의 전쟁 서사」, 《경제와사회》 94호, 2012. 또한 근대적 자아 및 정체성의 구성 요소, 공적 영역과 사적 영역의 분할에서 감정이 갖는 중요성에 대해서는 에바 일루즈, 김정아 옮김, 「감정 자본주의」(돌베개, 2010) 참고.

3 미국 국립문서관이 소장한 편지들을 문서군별로 소개하면 아래와 같다.

RG 59 Records of the Wedemeyer Mission to China and Korea, 1947.

RG 242 National Archives Collection of Foreign Records Seized, 1941~, Captured Korean Documents.

RG 331 Records of Allied Operational and Occupation Headquarters, World War II, 1907~1966, Supreme Commander for the Allied Powers(SCAP), Assistant Chief of Staff, G-2, Intelligence Division, Miscellaneous File, 1945~1951, Miscellaneous Letters to the Supreme Commander for the Allied Powers.

RG 331 Records of Allied Operational and Occupation Headquarters, World War II, 1907~1966, Supreme Commander for the Allied Powers(SCAP), Legal Section, Administrative Division, Japanese Background and Reference Files, compiled 1945~1948.

RG 554 Records of General Headquarters, Far East Command, Supreme Commander Allied Powers, and United Nations Command, 1945~1957, US Army Forces in Korea, XXIV Corps, G-2, Historical Section.

4 점령기 미군정의 편지 검열에 대해서는 고바야시 소메이, 김인수

옮김, 「미군정기 통신 검열 체제의 성립과 전개」, 《한국문화》 39집, 2007 참고.

5 일본에서 미군 점령 당국의 편지를 활용한 여론 조사의 한 사례로서 당대 일본인의 재일 조선인 인식을 분석한 정용욱, 「일본인의 전후와 재일 조선인관: 미군 점령 당국에 보낸 편지들에 나타난 일본 사회의 여론」, 《일본비평》 3(서울대 일본연구소, 2010) 참고.

6 『주한미군사(History of the US Armed Forces in Korea)』 2권(돌베개, 1988), 37쪽.

7 정용욱, 『해방 전후 미국의 대한 정책』(서울대 출판문화원, 2003), 136~137쪽.

8 장준하, 『돌베개』(화다출판사, 1976), 486~488쪽.

9 「대한민국 건국 강령을 제정하여 이에 공포함」(1941. 11. 28), 백범 김구선생전집편찬위원회, 『백범 김구 전집』 5권(대한매일신보사, 1999), 95~100쪽; 「국내외 동포에게 고함」(1945. 9. 3), 같은 책 8권, 660~661쪽.

10 일본인들이 맥아더 장군과 점령군에게 보낸 편지에 나타난 전후 일본 사회의 실상과 일본인의 점령관에 대해서는 袖井林二郎, 『拜啓マッカーサー元帥様 ── 占領下の日本人の手紙』(岩波書店, 2002) 및 川島高峰, 『敗戰: 占領軍への50万通の手紙』(讀賣新聞社, 1998) 참고.

11 존 다우어의 표현을 빌리면 상징 천황제의 확립은 미군 점령군 당국에 의한 일본 정부의 'SCAPinization'과 '천황제 민주주의'의 결합이라고 할 수 있고, 이에 대해 윤건차는 "쇼와 천황이 정치적, 도의적 책임을 지지 않고, 재위한다는 것 자체가 이미 일본인 전체의 전쟁 책임을 애매하게 하고, 민족으로서 '일본인'의 명예를 현저하게 손상시킨다는 것을 부정할 수 없을 것"이라고 지적했다. John W. Dower, *Embracing Defeat: Japan in the Wake of World War II*(W. W. Norton & Company, 1999), Chapter 9~11 "Imperial Democracy" 및 尹健次, 「'帝國臣民'から'日本國民'へ ── 國民概念の變遷」, 中村政則·天川晃·尹健次·五十嵐武士 編, 『戰後日本, 占領と戰後改革 5: 過去の淸算』(岩波書店, 1995) 참고. 국내 연구로는 박진우, 「패전 직후의 천황제 존속과 민중」 및 「패전 직후 천황제 존속과 재일 조선인」, 『패전 전후 일본의 마이너리티와 냉전』(제이앤씨, 2006) 참고.

12 '국화의 터부'가 현대 일본 사회에서 작동하는 방식에 대한 예리한 통찰에 대해서는 노마 필드, 박이엽 옮김, 『죽어 가는 천황의 나라에서』(창작과비평사, 1994) 참고.

13 패전 이후 현재까지 일본 사회에서 전쟁 책임론의 전개, 전쟁 책임론과 역사 인식의 관계에 대해서는 吉田 裕, 『日本人の戰爭觀』(岩波書店, 1995) 및 家永三郎, 『戰爭責任』(岩波書店, 1985) 참고. 또 1945년 8월 15일을 전후해서 일본인과 조선인의 자기 인식과 타자 인식의 존재 형태에 대해서는 山田昭次, 「八·一五をめぐる日本人と朝鮮人の斷層」, 《朝鮮研究》 69(1968年 1月号) 참고. 또 윤건차는 전후 의식의 출발점에서 일본 사회는 아시아에 대한 침략과 식민 지배를 망각했을 뿐 아니라, 전전, 전후를 막론하고 아시아 멸시관이 일본 사회 내에 뿌리 깊게 존재했음을 지적한다. 尹健次, 「戰後思想の出發とアジア觀」, 中村政則 等 編, 『戰後日本, 占領と戰後改革 3: 戰後思想と社會意識』(岩波書店, 1995).

14 재조(在朝) 일본인들의 송환에 대해서는 『주한미군사』 1권(돌베개, 1988), 7, 8장 및 이연식, 「해방 후 한반도 거주 일본인 귀환에 관한 연구: 점령군·조선인·일본인 3자간의 상호 작용을 중심으로」, 서울시립대 대학원 박사 학위 논문, 2009 참고. 또 재외 조선인 귀환 전반에 대해서는 장석흥 외, 『해방 전후 국제 정세와 한인의 귀환』(역사공간, 2014) 참고.

15 『주한미군사』 1권, 624쪽.

16 재일조선인연맹의 결성과 재일 조선인의 귀환에 관해서는 정영환, 임경화 옮김, 『해방 공간의 재일 조선인사 —— '독립'으로 가는 험난한 길』(푸른역사, 2019), 1·2장 참고.

17 テッサ·モリス·スズキ, 「占領軍への有害な行動 —— 敗戰後日本における移民管理と在日朝鮮人」, 《現代思想》, 2003年 9月号 참고.

18 패전 이후 일본 사회의 재일 조선인관에 대해서는 정용욱, 앞의 논문, 190~199쪽 참고.

19 John Dower, op cit, p. 139.

20 Ibid, p. 140~144.

21 해방 직후 암시장에서 재일 조선인의 활동에 대해서는 박미아, 「해방 직후 재일 조선인의 경제 활동: 1945~1950년 암시장을 중심으

로」, 서강대 대학원 박사 학위 논문, 2016 참고.

22 정용욱, 앞의 논문, 271쪽.

23 위의 논문, 272~273쪽.

24 1946년 일본 정부와 언론, 점령 당국의 조선인에 대한 태도와 언동 및 재일 조선인의 지위 변화에 대해 한 외국인 기자가 흥미로운 관찰기를 남겼다. David Conde, "The Korean Minority in Japan", *Far Eastern Survey*, Vol. 16, No. 4, 1947. 2 참고.

25 이하 정인보 편지에 대한 분석은 정용욱, 「웨드마이어 장군 전상서 ── 네 지식인이 논한 1947년 8월의 시국과 그 타개책」, 《한국문화》 64집, 2013 참고.

26 이하 모스크바 삼상 회의 결정이 국내로 전파되어 불러일으킨 소동의 전말과 '신탁 통치 파동'의 역사적 성격에 대해서는 정용욱, 앞의 책, 4장 참고.

27 정양완, 「나의 아버지 나의 스승 담원 정인보 선생」, 김태준·소재영 엮음, 「스승」(논형, 2008), 107쪽.

28 1945년 10월 3일자 《민중일보》는 조선건국청년회 부회장으로 오병철이 선출되었다는 소식을 전했고, 1945년 12월 14일자 《동아일보》는 그가 12월 10일 경운동 천도교회 앞에서 괴한에 쏜 총에 피격당해 전치 2주의 경상을 입었다고 전한다.

29 건국청년운동협의회, 「대한민국 건국청년운동사」(건국청년운동협의회 총본부, 1989), 280~282쪽.

30 「朝鮮建國靑年會 委員長 吳正邦에게 보냄」, 《현대일보》(1947년 6월 15일), 2면 광고; 「建靑의 反動輩를 追放함」, 《동아일보》(1947년 7월 5일), 1면 광고.

31 「吳建靑委員長放送 正當하고 建設的, 京鄕各地暴力行爲와 呂運亨氏談」, 《중앙신문》(1946년 6월 19일).

32 정용욱, 앞의 책, 226쪽.

33 여운형을 공산당으로부터 '튕겨 나오게 하기 위한' 미군정의 사회민주당 창당 공작에 대해서는 정병준, 「1946~1947년 좌우합작운동의 전개 과정과 성격 변화」, 《한국사론》 30, 1993 참고.

34 「國都는 無政府狀態. 白晝 "테로團" 노래하며 暴行 恣行. 朝共、人民黨과 三新聞社 被襲」, 《현대일보》(1946년 5월 14일); 「暴行事件에

抗議 記者會서 러-長官에」, 《부산신문》(1946년 5월 16일).

35 "Public Reaction to News of the Adjournment of the Joint US-Soviet Commission", *G-2 Periodic Report* No. 228, 1946. 5. 15.

36 국사편찬위원회, 『대한민국사 자료집』 28권 「이승만관계서한 자료집 1(1944~1948)」, 1996, 126~127쪽.

37 이하 이승만의 정치 자금 관련 서술 내용은 정병준, 『우남 이승만 연구』(역사비평사, 2005), 13장 「1945~1947년 정치 자금 조성과 운용」에 의지했다.

38 정용욱, 앞의 책, 221~222쪽.

39 「자료 이승만의 미국인 '사설 고문단'」, 《역사비평》 25호, 1994.

40 북한의 토지 개혁에 대해서는 김성보, 『남북한 경제 구조의 기원과 전개: 북한 농업 체제의 형성을 중심으로』(역사비평사, 2000)의 2부 3장 「토지 개혁의 전개」 참고.

41 「일일정보보고(G-2 Periodic Report)」 203호(1946. 4. 16), 첨부 3.

42 위의 글, 199호(1946. 4. 11).

43 정용욱, 앞의 책, 206쪽.

44 「일일정보보고」 196호(1946. 4. 8).

45 정용욱, 「여론 조사 또는 여론 왜곡? ── 점령기 미군정의 토지 개혁 관련 여론 조사와 그 성격」, 김인걸·양진석 외, 『나의 자료 읽기, 나의 역사 쓰기』(경인문화사, 2017), 390~397쪽.

46 「반탁 데모는 독립의 길 아니다. 국호 '조선인민공화국'이 70%. 시내 10개소 여론 조사 결과」, 《조선중앙일보》(1947년 7월 6일).

47 Richard D. Robinson, "Possible Objections to the Proposed Ordinance for the Sale of Japanese Agricultural Property South of 38° North Latitude", 1946. 4. 7.

48 이순우, 「식민지 비망록 42: '미도리가오카' 신흥 주택지로 변신한 친일 귀족 민병석의 별장터」, 《민족사랑》, 2018년 12월호(민족문제연구소), 30~31쪽.

49 「주택 강탈 결사반대가 표어, 명도령에 우는 신당동」, 《독립신문》(1947년 7월 16일).

50 「신당동 적산 가옥 명도는 당분 보류」, 《자유신문》(1947년 7월 18일).

51 「신당동 주택 명도 사건, 각 정당 단체서 당국에 성명 전달」, 《중앙

신문》(1947년 7월 23일).

52 「일일정보보고」 195호(1946. 4. 6).

53 위의 글, 163호(1946. 2. 28).

54 「농민에 특별 보상하라, 관민으로 대책위원회 조직 긴요」, 《중앙신문》(1946년 3월 31일). 이 기사에 따르면 1945년 미곡 수확량은 남조선에 필요한 양보다 70만 석이 많았다고 하고, 술과 엿으로 소비된 양은 20만 석이었다고 추산한다.

55 「도시 기근은 웬일? 절대량엔 부족 없다. 건국에 직결된 대문제. 쌀은 모리배 손에. 적정한 수집 방법이 긴요」, 《중앙신문》(1946년 3월 31일).

56 「매장(買藏)과 밀수가 원인, 인민당서 군정청에 대책을 건의」, 《중앙신문》(1945년 12월 14일).

57 이동원, 「1946년 '朝美共同會談'의 성립과 활동」, 서울대 대학원 국사학과 석사 학위 논문, 2004, 41쪽.

58 정용욱, 앞의 책, 132~133쪽

59 『한국민족문화대백과사전』. http://encykorea.aks.ac.kr/Contents/SearchNavi?keyword=주요한&ridx=0&tot=145.

60 김영미, 「일제 시기~한국 전쟁기 주민 동원·통제 연구 —— 서울 지역 町·洞會 조직의 변화를 중심으로」, 서울대 대학원 국사학과 박사 학위 논문, 2005, 80~81쪽.

61 「쌀 달라는 군중이 쇄도, 공원 학도들이 시청에 애원」, 《중앙신문》(1946년 3월 30일); 「社說: 식량 대책안 여론에 따라 용단하라」, 《한성일보》(1946년 4월 1일).

62 「8일부터 매인당 1홉 배급, 한 가마니 미만은 자유 반입 가능, 러 장관 식량 대책 시대표에 언명」, 《공업신문》(1946년 4월 5일).

63 「지방 단신, 식량 대책을! 중앙청에 건의」, 《중앙신문》(1946년 4월 4일); 「검거의 선풍, 경남서 21명 검거」, 《한성일보》(1946년 4월 19일); 「일일정보보고」 179호(1946. 3. 19); 「일일정보보고」 194호(1946. 4. 5).

64 송재경, 「미군정 여론 조사로 읽는 한국 사회」, 『해방의 공간 점령의 시간』(푸른역사, 2018), 267쪽.

65 「Dear Goodfellow」(1946. 6. 23), 국사편찬위원회, 앞의 책, 115~116쪽.

66 NA II, RG 554 Records of General Headquarters, Far East Command, Supreme Commander Allied Powers, and United Nations Command, USAFIK: XXIV Corps, G-2 Historical Section, 1945~1948(이하 '주한 미군 군사실 문서철'), Box 69, "The Passing of Lyuh Woon Hyung", 1947. 7. 22.

67 「Memorandum」(1946. 6. 19, 22), 국사편찬위원회, 앞의 책, 1996, 106~107, 112~114쪽.

68 정용욱, 앞의 책, 253~254쪽.

69 위의 책, 276~279쪽.

70 위의 책, 283쪽.

71 위의 책, 283~285쪽.

72 위의 책, 309~310쪽.

73 「Dear Goodfellow」(1947. 1. 28), 국사편찬위원회, 앞의 책, 1996, 234~236쪽.

74 위의 책, 310~311쪽.

75 정병준, 앞의 책, 601~606쪽.

76 김영미, 앞의 논문, 101~132쪽.

77 「Dear General」(1946. 10. 17), 국사편찬위원회, 앞의 책, 152쪽.

78 「하 중장의 괴서한과 이 박사의 회답문, 중간 모략자는 누구?」, 《현대일보》(1947년 7월 2일).

79 '주한 미군 군사실 문서철', Box 70, Leonard Bertsch, Report for Political Advisory Group, 17 July 1947, "Session with Kimm, Kiusic and Others".

80 '주한 미군 군사실 문서철' Box 37, CCIG-K, "Kidnappers of Lyuh Woon Hyung send his confession to Seoul, newspaper, threaten to kidnap another prominent politician," 1946. 7. 22.

81 「여운형 씨 피습 중태」, 《한성일보》(1946년 7월 19일).

82 「여운형 씨 피습의 파문, 경찰 책임자, 민전 의장단이 파면 요구」, 《대구시보》(1946년 7월 21일).

83 *The Voice of Korea*, Vol. 4, No. 90, 1947. 9. 16.

84 정용욱, 앞의 책, 448~449쪽.

85 「호남 지방 조사 불일 기자단 파견」, 《경향신문》(1947년 6월 15일).

86 「신문기자의 테로 조사 내용」 상~하, 《조선중앙일보》(1947년 7월
   5~8일); 「호남 사정 현지 보고」 1~3, 《중앙신문》(1947년 7월 5~8일);
   「호남 사정 기자 조사단 보고」 1~6, 《독립신보》(1947년 7월 5~12일).
   이하 호남 지방의 테러에 대한 서술은 위 세 신문에 의거했다.

87 NA II, RG 59 Records of the Wedemeyer Mission to China and
   Korea, 1947. 한국인들이 보낸 편지들은 주로 10, 11번 문서 상자에
   수장되어 있다.

88 《서울夕刊》(1947년 6월 26일).

89 「반탁 데모는 독립의 길 아니다」, 《조선중앙일보》(1947년 7월 6일).

90 정용욱, 앞의 책, 434~438쪽.

91 「공위 성공 확신이 67%, 거리의 여론 조사 결과」, 《여성신문》(1947
   년 6월 12일).

92 이하 웨드마이어 보고서에 관한 서술 내용은 정용욱, 앞의 책,
   460~464쪽 참고.

93 "Report to the President on China-Korea, September 1947,
   Submitted by Lieutenant General A. C. Wedemeyer", *Foreign
   Relations of United States*, 1947 VI, 802~803쪽.

94 「웨 중장 이중담(離中談): 공산주의 말살은 불가능, 장 정권의 근본
   적 개혁 필요」, 《민주중보》(1947년 8월 28일).

95 오기영, 「민족의 비원 ── 하지 중장과 치스티아코프 중장을 통하
   여 미소 양 국민에 소(訴)함」, 오기영전집편찬위원회, 『민족의 비원』,
   『동전 오기영 전집 2』(모시는사람들, 2019), 136~137쪽.

96 정용욱, 앞의 책, 429~431쪽.

97 「한국여론협회 조사, 단정 반대 58%」, 《조선중앙일보》(1947년 10월
   7일).

98 「가두의 여론 UN 제안은 불성공 양군 철퇴는 대찬성」, 《한성일보》
   (1947년 11월 1일).

99 「김구·김규식이 김두봉에게 보낸 서신」 1948. 2. 16, 백범김구
   선생전집편찬위원회, 『백범 김구 전집』 8권(대한매일신보사, 1999),
   721~726쪽.

100 이하 유엔조선임시위원단의 활동과 임시위원단 내부 및 유엔 총회
    의 논의와 결정에 대해서는 신승욱, 「1·2차 유엔한국위원단의 평

화통일 중재 활동(1948~1950)」, 정용욱 엮음, 『해방의 공간, 점령의 시간』(푸른역사, 2018) 참고.

101 「김구 씨 담, 민주주의의 파산, 통일 독립 위해 싸우겠다」, 《조선중앙일보》(1948년 2월 28일).

102 「UN소총회 결의안은 일국 신탁의 강요다, 김구 씨 독촉전국회의 서한」, 《영남일보》(1948년 3월 20일).

103 「김구·김규식 선생 공람(共鑑)」 1948. 3. 25, 백범김구선생전집편찬위원회, 앞의 책, 727~729쪽 및 「남조선 측 송한(送翰) 요지, 북조선 측 회한(回翰) 전문」, 《새한민보》 2권 9호, 1948년 4월 하순호.

104 「100여 군중 행로를 차단, 김구 씨 북행 만류」, 《대중일보》(1948년 4월 20일).

105 「문화인 108명 연서, 남북 회담 지지 성명, 양군 동시 철병은 대경대법(大經大法)이다」, 《조선중앙일보》(1948년 4월 29일).

106 남북 협상의 전개 과정에 대해서는 도진순, 『한국 민족주의와 남북관계』 서울대 출판부, 1997 중 4부 「1984년 4월 남북연석회의」 참고.

참고 문헌 《대중일보》

《독립신문》

《독립신보》

《동아일보》

《민주중보》

《서울夕刊》

《새한민보》

《여성신문》

《영남일보》

《자유신문》

《조선중앙일보》

《중앙신문》

《한성일보》

《현대일보》

《대구시보》

《부산신문》

《새한민보》

국사편찬위원회, 『대한민국사자료집』 28권, 『이승만관계서한자료집』
    1(1944~1948), 1996.
백범김구선생전집편찬위원회, 『백범 김구 전집』 5, 8권(대한매일신보사,
    1999).

National Archives II, RG 59 Records of the Wedemeyer Mission to
    China and Korea, 1947.
RG 242 National Archives Collection of Foreign Records Seized,
    1941~, Captured Korean Documents.
RG 331 Records of Allied Operational and Occupation Headquarters,
    World War II, 1907~1966, Supreme Commander for the Allied
    Powers(SCAP), Assistant Chief of Staff, G-2, Intelligence Division,
    Miscellaneous File, 1945~1951, Miscellaneous Letters to the
    Supreme Commander for the Allied Powers.

RG 331 Records of Allied Operational and Occupation Headquarters, World War II, 1907~1966, Supreme Commander for the Allied Powers(SCAP), Legal Section, Administrative Division, Japanese Background and Reference Files, compiled 1945~1948.

RG 554 Records of General Headquarters, Far East Command, Supreme Commander Allied Powers, and United Nations Command, 1945~1957, US Army Forces in Korea, XXIV Corps, G-2, Historical Section.

『주한미군사(History of the US Armed Forces in Korea)』.
「일일정보보고(G-2 Periodic Report)」.

『한국민족문화대백과사전』(http://encykorea.aks.ac.kr/).
Wikipedia(https://en.wikipedia.org).

장준하, 『돌베개』(화다출판사, 1976).
건국청년운동협의회, 『대한민국 건국청년운동사』(건국청년운동협의회총본부, 1989).
노마 필드, 박이엽 옮김, 『죽어 가는 천황의 나라에서』(창작과비평사, 1994).
정병준, 『몽양 여운형 평전』(한울, 1995).
도진순, 『한국 민족주의와 남북 관계』(서울대 출판부, 1997).
김성보, 『남북한 경제 구조의 기원과 전개: 북한 농업 체제의 형성을 중심으로』(역사비평사, 2000).
김광운, 『북한 정치사 연구』(선인, 2003).
정용욱, 『해방 전후 미국의 대한 정책』(서울대 출판문화원, 2003).
정병준, 『우남 이승만 연구』(역사비평사, 2005).
에바 일루즈, 김정아 옮김, 『감정 자본주의』(돌베개, 2010).
장석흥 외, 『해방 전후 국제 정세와 한인의 귀환』(역사공간, 2014).
정용욱 엮음, 『해방의 공간, 점령의 시간』(푸른역사, 2018).
오기영전집편찬위원회, 『민족의 비원』(모시는사람들, 2019).
정영환, 임경화 옮김, 『해방 공간의 재일 조선인사 ─ '독립'으로 가는 험난한 길』(푸른역사, 2019).

家永三郎, 『戰爭責任』(岩波書店, 1985).

吉田 裕, 『日本人の戰爭觀』(岩波書店, 1995).

中村政則, 天川晃, 尹健次, 五十嵐武士, 『戰後日本 占領と戰後改革 3:
　　戰後思想と社會意識』(岩波書店, 1995).

中村政則, 天川晃, 尹健次, 五十嵐武士 編, 『戰後日本 占領と戰後改革
　　5: 過去の淸算』(岩波書店, 1995).

川島高峰, 『敗戰: 占領軍への50万通の手紙』(讀賣新聞社, 1998).

袖井林二郎, 『拜啓マッカ-サ-元帥樣 ── 占領下の日本人の手紙』(岩波
　　書店, 2002).

John W. Dower, *Embracing Defeat: Japan in the Wake of World War II*(W.
　　W. Norton & Company, 1999).

정병준, 「1946~1947년 좌우 합작 운동의 전개 과정과 성격 변화」, 《한
　　국사론》 30, 1993.

이동원, 「1946년 '朝美共同會談'의 성립과 활동」, 서울대 대학원 국사학
　　과 석사 학위 논문, 2004.

김영미, 「일제 시기~한국 전쟁기 주민 동원·통제 연구 ── 서울 지역
　　町·洞會 조직의 변화를 중심으로」, 서울대 대학원 국사학과 박사
　　학위 논문, 2005.

박진우, 「패전 직후의 천황제 존속과 민중」, 및 「패전 직후 천황제 존속
　　과 재일 조선인」, 『패전 전후 일본의 마이너리티와 냉전』(제이엔씨,
　　2006).

고바야시 소메이, 김인수 옮김, 「미군정기 통신 검열 체제의 성립과 전
　　개」, 《한국문화》 39, 2007.

정양완, 「나의 아버지 나의 스승 담원 정인보 선생」, 김태준·소재영 엮
　　음, 『스승』(논형, 2008).

이연식, 「해방 후 한반도 거주 일본인 귀환에 관한 연구: 점령군·조선
　　인·일본인 3자간의 상호 작용을 중심으로」, 서울시립대 박사 학위
　　논문, 2009.

정용욱, 「일본인의 전후와 재일 조선인관: 미군 점령 당국에 보낸 편
　　지들에 나타난 일본 사회의 여론」, 《일본비평》 3(서울대 일본연구소,

2010).

클라우디아 울브리히, 박성윤 옮김, 「역사적 시각으로 본 유럽의 자기 증언」, 《역사비평》 100, 2012.

니시카와 유코, 서민교 옮김, 「근대에 일기를 쓴다는 것의 의미」, 《역사 비평》 100, 2012.

한성훈, 「개인의 편지에 나타난 북한 인민의 전쟁 서사」, 《경제와사회》 94, 2012.

정용욱, 「웨드마이어 장군 전상서 ─ 네 지식인이 논한 1947년 8월의 시국과 그 타개책」, 《한국문화》 64, 2013.

박미아, 「해방 직후 재일 조선인의 경제 활동: 1945~1950년 암시장을 중심으로」, 서강대 대학원 박사 학위 논문, 2016.

정용욱, 「여론 조사 또는 여론 왜곡? ─ 점령기 미군정의 토지 개혁 관련 여론 조사와 그 성격」, 김인걸·양진석 외, 『나의 자료 읽기, 나의 역사 쓰기』(경인문화사, 2017).

山田昭次, 「八·一五をめぐる日本人と朝鮮人の斷層」, 《朝鮮研究》 69, 1968年 1月号.

テッサ·モリス·スズキ, 「占領軍への有害な行動 ─ 敗戦後日本における 移民管理と在日朝鮮人」, 《現代思想》 2003年 9月号.

David Conde, "The Korean Minority in Japan", *Far Eastern Survey*, Vol. 16, No. 4, 1947. 2.

10   서울대 인문 강의

편지로 읽는
해방과 점령

1판 1쇄 찍음 2021년 2월 15일
1판 1쇄 펴냄 2021년 2월 25일

지은이 정용욱
발행인 박근섭, 박상준
펴낸곳 ㈜민음사

출판등록 1966. 5. 19. (제16-490호)
서울 강남구 신사동 506
강남출판문화센터 5층 (135-887)
대표전화 02-515-2000
팩시밀리 02-515-2007
www.minumsa.com

ⓒ 정용욱, 2021. Printed in Seoul, Korea
ISBN 978-89-374-8511-4 04900
ISBN 978-89-374-8492-6 (세트)